4 A comer

Comunicación

Ofrecer e invitar.
Aceptar una invitación.
Rechazar una invitación.
Pedir algo.
Responder a una petición.
Pedir en un restaurante.

Gramática

Indefinidos: *mucho/a/os/as*, *bastante/s*, *poco/a/os/as*.
Presente de indicativo: *querer*.

Vocabulario

Las comidas.
Los alimentos.
Expresiones de frecuencia.
Los números del 100 al 10 000.
Platos y comidas.
Tipos de alimentos.
Lugares donde se come y se bebe.

Pronunciación

Los sonidos /k/ y /g/.

Ortografía

Las letras *g* y *j*.
Las letras *c*, *k* y *q*.

Cultura y socioculturа

Los bares y restaurantes en España.
Alimentos típicos de España.

5 Es mi vida

Comunicación

Expresar gustos.
Proponer algo.
Aceptar una propuesta.
Rechazar una propuesta.
Expresar acuerdo y desacuerdo.

Gramática

Las preposiciones *a* y *de*.
Presente de indicativo: verbos irregulares, pronominales y reflexivos.
Adverbios de tiempo, afirmación y negación.

Vocabulario

Acciones habituales.
Deportes.
Actividades de ocio y tiempo libre.
Expresiones de frecuencia.
Expresiones para situar un lugar.

Pronunciación

El sonido /tʃ/.
La entonación de las expresiones de propuesta, aceptación y rechazo.

Ortografía

Las letras *ch* y *ll*.

Cultura y socioculturа

Comunidades autónomas españolas.
La vida en ciudades y pueblos.

6 De compras

Comunicación

Justificar una opinión.
Pedir algo en una tienda.
Preguntar el precio de un producto.
Valorar un objeto.
Expresar acuerdo y desacuerdo.

Gramática

Oraciones finales: *para* + infinitivo.
Oraciones causales: *porque*.
Adjetivos y pronombres demostrativos.

Vocabulario

Objetos de uso cotidiano.
Establecimientos públicos.
Secciones de un gran almacén.

Pronunciación

Los sonidos /r/ y /rr/.

Ortografía

La letra *r*.

Cultura y socioculturа

Horarios comerciales en España.
Marcas españolas.

7 Una fiesta

Comunicación

Felicitar.
Dar las gracias y responder.
Dar la bienvenida.
Dar una opinión.
Identificar a alguien dentro de un grupo.
Valorar.

Gramática

El indefinido *otro/a/os/as*.
La conjunción *o*.
Estar + gerundio.
Gerundio: verbos regulares e irregulares.
Oraciones subordinadas adjetivas.

Vocabulario

Objetos para una fiesta.
Materiales.

Pronunciación

La entonación de las oraciones interrogativas y exclamativas.

Ortografía

La tilde en los interrogativos y exclamativos.

Cultura y socioculturа

Canciones para felicitar el cumpleaños.
Celebraciones y tarjetas de felicitación.

...aciones

Comunicación

Expresar posibilidad.
Expresar planes e intenciones.
Expresar deseos.

Gramática

La preposición *en*.
La preposición *a*.
Presente de indicativo: *conocer*.
Oraciones consecutivas: *así que*.

Vocabulario

El paisaje.
Las estaciones del año.
Los meses del año.
El clima.
Actividades de ocio.
Los verbos *ir, irse*.
Los signos del zodiaco.

Pronunciación

Repaso de los sonidos del español.

Ortografía

Repaso de la ortografía del español.

Cultura y socioculturа

Destinos turísticos en España.
Las preferencias de los españoles en las vacaciones.

Unidad 0

El primer día

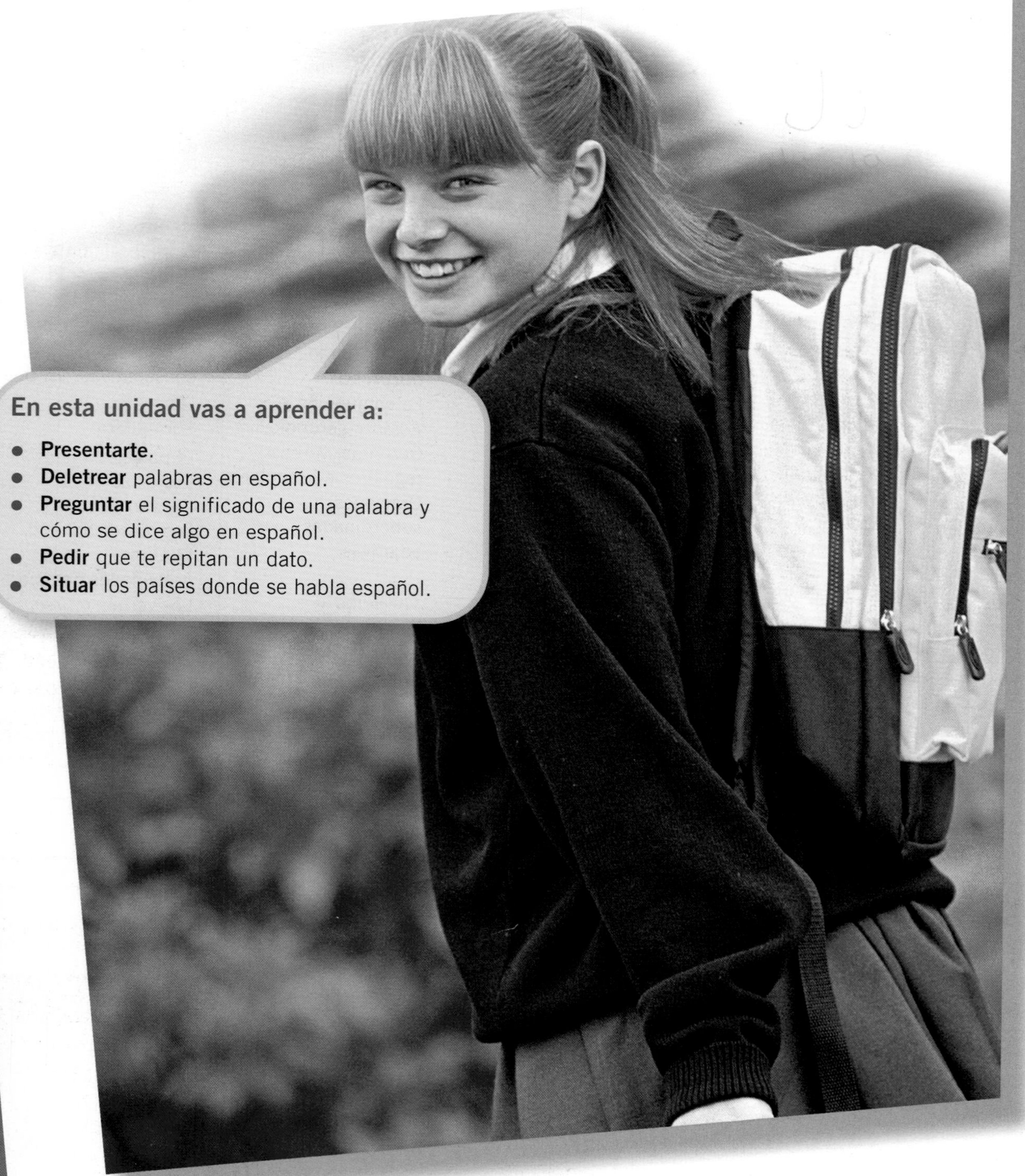

En esta unidad vas a aprender a:

- **Presentarte**.
- **Deletrear** palabras en español.
- **Preguntar** el significado de una palabra y cómo se dice algo en español.
- **Pedir** que te repitan un dato.
- **Situar** los países donde se habla español.

Mochila ELE 1

LIBRO DEL ALUMNO

Gramática
Pronunciación

Susana Mendo (asesora)
Felipe Bermejo

Relación de autores: **Felipe Bermejo** y **Susana Mendo** (asesora)

Dirección editorial: **Aurora Martín de Santa Olalla**
Edición: **Susana Gómez** y **M.ª Antonia Oliva**

Dirección de arte: **José Crespo**

Proyecto gráfico:
Portada: **León Martín-Barreto**
Interiores: **León Martín-Barreto**
Ilustración de interiores: **Pep Brocal** y **Felipe López Salan**

Jefa de proyecto: **Rosa Marín**
Coordinación de ilustración: **Carlos Aguilera**
Coordinación de desarrollo gráfico: **Javier Tejeda**
Desarrollo gráfico: **Raúl de Andrés** y **José Luis García**

Dirección técnica: **Ángel García Encinar**

Coordinación técnica: **Marisa Valbuena**
Confección y montaje: **Fernando Calonge** y **David Redondo**
Corrección: **Arturo Cobos** y **Gerardo Z. García**
Documentación y selección de fotografías: **Mercedes Barcenilla**

Fotografías: A. G. E. FOTOSTOCK/F. Hiersche, SuperStock, R. Matina, Antonio Real, IFPA, Picture Partners, Klaus-Peter Wolf, Dennis MacDonald, Paolo Sánchez, Peter Holmes, Marco Azzoni, Jeff Kaufman; A. Guerra; A. Toril; A. Viñas; ACI AGENCIA DE FOTOGRAFÍA/Alamy Images; ASSOCIACIÓ CENTRE JUVENIL SAGRADA FAMILIA, BARCELONA; Bill Osment; C. Roca; Cafetería Alverán, Boadilla del Monte; Canon; CENTRAL STOCK; COMSTOCK; CONTIFOTO/SYGMA/Jean-Marc Charles; COVER/Workbook Stock, CORBIS/Zefa/Anna Peisl, Zefa/Ansgar Photography, Zefa/Ingolf Hatz; CHROMA/A. Carles; D. López; D. Serra; DIGITALVISION; EFE/M. Mart, Mario Guzmán, SIPI, S. Barrenechea, Mario Guzmán; Samsung; F. Faustino; F. Gracia; F. Ontañón; FACTEUR D'IMAGES/Fabien Malot; FOCOLTONE/SERIDEC PHOTOIMAGENES CD; FOTONONSTOP; G. Agirre; GARCÍA-PELAYO/Juancho; GETTY IMAGES SALES SPAIN/Stone/Simon Watson; HIGHRES PRESS STOCK/AbleStock.com; I. Preysler;I. Rovira; J. C. Muñoz; J. Jaime; J. L. G. Grande; J. Lucas; J. M.ª Barres; J. M.ª Escudero; J. V. Resino; KEYSTONE-NEMES; Krauel; LOBO PRODUCCIONES / C. Sanz; MATTON-BILD; Nokia Corporation; O. Torres; PHILIPS; PHOTOALTO/SERIDEC PHOTOIMAGENES CD; Prats i Camps; R. Manent; S. Barrenechea; S. Cid; S. Enríquez/INS Pradolongo, Madrid; S. Yaniz; SERIDEC PHOTOIMAGENES CD; ARCHIVO SANTILLANA

Grabaciones: **Textodirecto**
Música: **Paco Arribas Producciones Musicales**

Torrelaguna, 60. 28043 Madrid
PRINTED IN SPAIN

ISBN: 978-84-934772-2-6
CP: 240803
Depósito legal: M-35886-2012

Introducción

¿Qué es *Mochila ELE*?

Mochila ELE es un **curso de español para adolescentes** estructurado en tres niveles: *Mochila ELE 1* (A1), *Mochila ELE 2* (A2) y *Mochila ELE 3* (B 1.1.), siguiendo las directrices del *Marco común europeo de referencia* y el *Plan curricular del Instituto Cervantes.*

Mochila ELE consta de un ***libro del alumno*** con apéndice de pronunciación y gramática, y un ***cuaderno de actividades*** con CD audio. Junto con el cuaderno, se ofrece un ***Portfolio*** para cada nivel. Para el profesor, se ofrece la ***guía didáctica*** –que contiene el CD audio del libro del alumno, el CD audio del cuaderno y material complementario fotocopiable para trabajar la cultura, la gramática, el léxico y la evaluación.

¿Por qué *Mochila ELE*?

Mochila ELE parte de la base de que aprendemos lenguas para **comunicarnos**. Nuestro reto ha sido hacer un material motivador, que responda a tus intereses y necesidades. En este libro, aprenderás, entre otras cosas, a presentarte, a pedir algo en una tienda o a contar en tu *blog* en español qué es lo que sueles hacer el fin de semana.

La lengua aparece, además, ligada a una sociedad (o sociedades) con unos **referentes culturales**. En el caso del español, hablamos de un patrimonio de veintiún países. En este libro y en las fichas complementarias de cultura hablaremos de Penélope Cruz, Fernando Alonso o Shakira, también de la literatura de Pablo Neruda, Isabel Allende o Gabriel García Márquez y de destinos turísticos del ámbito hispanohablante declarados Patrimonio de la Humanidad.

Igualmente importante es saber cómo somos, cómo vivimos o cómo nos comportamos. En este libro y en las fichas complementarias de cultura te ofrecemos esta **información sociocultural**. Conocerás, entre otras cosas, la comida española, cuáles son los platos típicos, cómo son nuestros bares y restaurantes, los horarios comerciales en España o los nombres y apellidos. Recurriremos al contraste entre lo que te presentamos y tu realidad, resaltando lo que tiene de positivo el conocimiento mutuo de nuestros mundos.

La enseñanza de la lengua significa también **reflexión sobre el propio sistema**. No se trata de aprender un conjunto de reglas y excepciones. Nuestro objetivo será más bien que la práctica lleve a la formulación de unas bases que te ayudarán a ir entendiendo el funcionamiento del español.

Otro aspecto al que prestaremos especial atención es a la **reflexión sobre el propio proceso de aprendizaje**: ¿Cómo aprendemos lenguas? ¿Cuál es nuestro estilo de aprendizaje? ¿Cuál ha sido y puede ser nuestra experiencia con el español? El *Portfolio* del español te guiará en esta reflexión.

Finalmente, el aprendizaje de lenguas no debe ser ajeno a un proceso educativo general. Por eso, a lo largo de las unidades de nuestros libros, incluimos **temas transversales y otras áreas del currículo**. En este libro aprenderás a elaborar un menú sano, hablaremos de la pirámide de los alimentos y te mostraremos las grandes ciudades, pero también los pueblos pequeños, diferentes modos de vivir y divertirse.

Índice

Así funciona *Mochila ELE*

Libro del alumno

Las unidades constan de:

- **Para empezar,** con los objetivos de la unidad y las actividades de presentación de los contenidos.
- **Lecciones 1, 2 y 3,** centradas en el trabajo de los contenidos comunicativos, gramaticales y léxicos, y en la práctica de las diferentes actividades de la lengua.

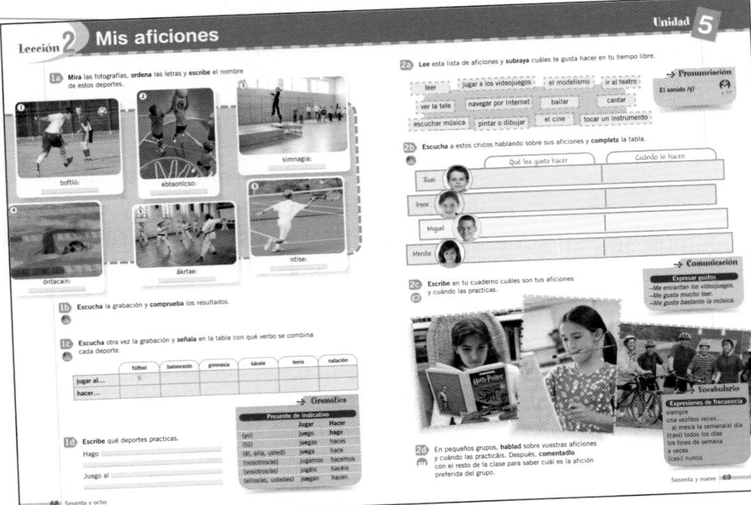

Cuadros que sistematizan los contenidos vistos.

- **Lección 4,** centrada en contenidos culturales y socioculturales, y el **Rincón de la red,** para realizar actividades con Internet.

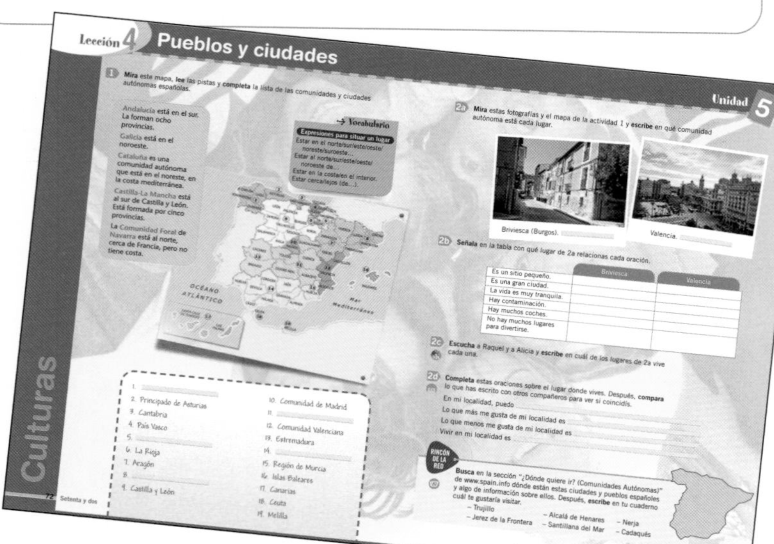

Iconos de:

- actividad para realizar en **grupo**
- actividad con **CD audio**
- actividad para incluir en el ***Portfolio***

- **¿Qué he aprendido en esta unidad?,** con un esquema de los contenidos vistos.

¿Qué he aprendido en esta unidad?

Unidad 5

→ Comunicación

Expresar gustos
–*Me encantan los videojuegos.*

Proponer algo
¿Vamos a...?
Verbo en presente, en forma interrogativa
Verbo *quedar*
–*¿Vamos al cine esta tarde?*
–*¿Quedamos mañana?*

Aceptar una propuesta
–*Sí./Vale./Bueno.*

Rechazar una propuesta
–*No, lo siento./No, no puedo.*

Expresar acuerdo y desacuerdo
–*Yo tengo planes.*
–*Yo **también**./Yo **no**.*
–*Yo no puedo.*
–*Yo **tampoco**./Yo **sí**.*

→ Vocabulario

Acciones habituales
Levantarse, desayunar, acostarse...

Deportes
Jugar al fútbol/baloncesto/tenis...

Actividades de ocio y tiempo libre
Escuchar música, bailar...

Expresiones de frecuencia
Siempre, una vez/dos veces... al mes...

Expresiones para situar un lugar
Estar al norte/sur/este/oeste/noreste...

→ Pronunciación

El sonido /ʧ/.
La entonación de las expresiones de propuesta, aceptación y rechazo.

→ Gramática

Las preposiciones *a* y *de*
–*Voy al colegio **de** nueve **a** dos.*
–*Los lunes me levanto **a** las ocho.*
–*Salgo **de** casa **a** las nueve.*

Presente de indicativo: verbos irregulares
Empezar: empiezo, empiezas, empieza, empezamos, empezáis, empiezan.
Merendar: meriendo, meriendas, merienda, merendamos, merendáis, meriendan.
Volver: vuelvo, vuelves, vuelve, volvemos, volvéis, vuelven.
Jugar: juego, juegas, juega, jugamos, jugáis, juegan.
Hacer: **hago**, haces, hace, hacemos, hacéis, hacen.
Salir: **salgo**, sales, sale, salimos, salís, salen.
Ver: veo, ves, ve, vemos, veis, ven.
Ir: voy, vas, va, vamos, vais, van.

Presente de indicativo: verbos pronominales y reflexivos
Levantarse: me levanto, te levantas, se levanta, nos levantamos, os levantáis, se levantan.
Ducharse: me ducho, te duchas, se ducha, nos duchamos, os ducháis, se duchan.
Acostarse: me acuesto, te acuestas, se acuesta, nos acostamos, os acostáis, se acuestan.

Adverbios de tiempo
Antes, después, pronto, tarde.

Adverbios de afirmación y negación
Sí, no, también, tampoco.

→ Cultura y sociocultura

Comunidades autónomas españolas.
La vida en ciudades y pueblos.

74 Setenta y cuatro

Setenta y cinco 75

Pronunciación

Actividades para trabajar la fonética y la entonación.

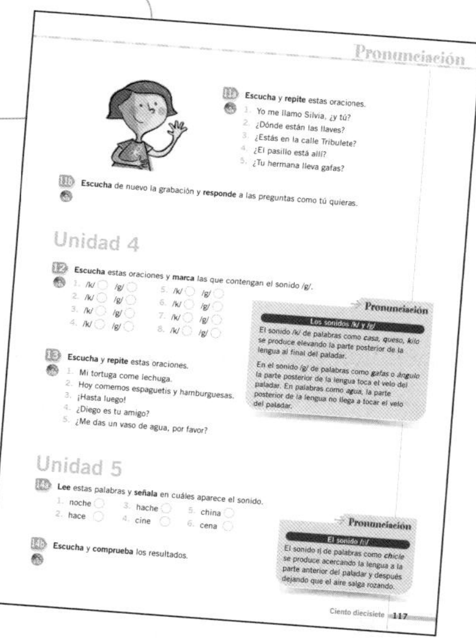
Pronunciación

11a **Escucha** y **repite** estas oraciones.
1. Yo me llamo Silvia, ¿y tú?
2. ¿Dónde están las llaves?
3. ¿Estás en la calle Tribulete?
4. ¿El pasillo está allí?
5. ¿Tu hermana lleva gafas?

11b **Escucha** de nuevo la grabación y **responde** a las preguntas como tú quieras.

Unidad 4

12 **Escucha** estas oraciones y **marca** las que contengan el sonido /g/.
1. /k/ ◯ /g/ ◯
2. /k/ ◯ /g/ ◯
3. /k/ ◯ /g/ ◯
4. /k/ ◯ /g/ ◯
5. /k/ ◯ /g/ ◯
6. /k/ ◯ /g/ ◯
7. /k/ ◯ /g/ ◯
8. /k/ ◯ /g/ ◯

13 **Escucha** y **repite** estas oraciones.
1. Mi tortuga come lechuga.
2. Hoy comemos espaguetis y hamburguesas.
3. ¡Hasta luego!
4. ¿Diego es tu amigo?
5. ¿Me das un vaso de agua, por favor?

→ Pronunciación
Los sonidos /k/ y /g/
El sonido /k/ de palabras como *casa, queso, kilo* se produce elevando la parte posterior de la lengua al final del paladar.
En el sonido /g/ de palabras como *gafas* o *ángulo* la parte posterior de la lengua toca el velo del paladar. En palabras como *agua*, la parte posterior de la lengua no llega a tocar el velo del paladar.

Unidad 5

14a **Lee** estas palabras y **señala** en cuáles aparece el sonido.
1. noche ◯ 2. hace ◯ 3. hache ◯ 4. cine ◯ 5. china ◯ 6. cena ◯

14b **Escucha** y **comprueba** los resultados.

→ Pronunciación
El sonido /ʧ/
El sonido ʧ de palabras como *chicle* se produce acercando la lengua a la parte anterior del paladar y después dejando que el aire salga rozando.

Ciento diecisiete 117

Gramática

Herramienta de repaso, ampliación y consulta.

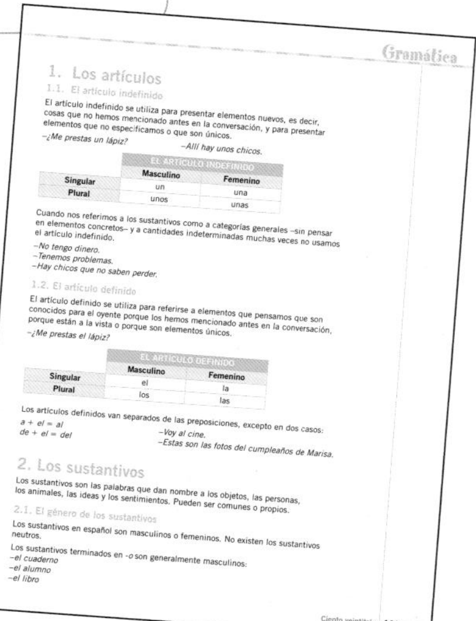
Gramática

1. Los artículos

1.1. El artículo indefinido

El artículo indefinido se utiliza para presentar elementos nuevos, es decir, cosas que no hemos mencionado antes en la conversación, y para presentar elementos que no especificamos o que son únicos.

–*¿Me prestas un lápiz?* –*Allí hay unos chicos.*

EL ARTÍCULO INDEFINIDO	Masculino	Femenino
Singular	un	una
Plural	unos	unas

Cuando nos referimos a los sustantivos como a categorías generales –sin pensar en elementos concretos– y a cantidades indeterminadas muchas veces no usamos el artículo indefinido.

–*No tengo dinero.*
–*Tenemos problemas.*
–*Hay chicos que no saben perder.*

1.2. El artículo definido

El artículo definido se utiliza para referirse a elementos que pensamos que son conocidos para el oyente porque los hemos mencionado antes en la conversación, porque están a la vista o porque son elementos únicos.

–*¿Me prestas el lápiz?*

EL ARTÍCULO DEFINIDO	Masculino	Femenino
Singular	el	la
Plural	los	las

Los artículos definidos van separados de las preposiciones, excepto en dos casos:

a + el = al –*Voy al cine.*
de + el = del –*Estas son las fotos del cumpleaños de Marisa.*

2. Los sustantivos

Los sustantivos son las palabras que dan nombre a los objetos, las personas, los animales, las ideas y los sentimientos. Pueden ser comunes o propios.

2.1. El género de los sustantivos

Los sustantivos en español son masculinos o femeninos. No existen los sustantivos neutros.

Los sustantivos terminados en *-o* son generalmente masculinos:
–*el cuaderno*
–*el alumno*
–*el libro*

Ciento veintitrés 123

Tabla de contenidos

0 El primer día

Comunicación
Presentarse y preguntar el nombre.
Preguntar cómo se dice algo.
Preguntar el significado de una palabra.
Preguntar cómo se escribe una palabra.
Pedir que se repita un dato.
Pedir permiso.
Confirmar una información.

Gramática
El artículo definido.
El género de los sustantivos.
Los pronombres demostrativos neutros.
Los interrogativos: *qué, cómo, cuántos/as, dónde.*

Vocabulario
Los objetos de la clase.
El alfabeto.
Los números del 0 al 20.
Los puntos cardinales.

Pronunciación
Los sonidos /θ/ y /x/.

Ortografía*
Las letras *c, z, g* y *j*.

Cultura y sociocultura
Países donde se habla español.
Comunidades autónomas españolas y lenguas oficiales en España.

1 En clase

Comunicación
Saludar y despedirse.
Pedir datos personales.
Pedir algo y responder.

Gramática
Hay.
El número: formación del plural.
Los adjetivos calificativos.
El artículo indefinido.
Presente de indicativo: *tener, ser, gustar, llamarse.*
Los pronombres personales sujeto.

Vocabulario
Las partes del día.
Los colores.
La nacionalidad.
Las horas.
Los días de la semana.
Las asignaturas.
Los numerales ordinales: 1.º-6.º

Pronunciación
La entonación de las oraciones declarativas, exclamativas e interrogativas.

Ortografía
Los signos de interrogación y de exclamación y el punto final.
El uso de las mayúsculas.

Cultura y sociocultura
Famosos españoles e hispanoamericanos.
El uso de dos apellidos.
Diminutivos y formas coloquiales de nombres propios.

2 Mi familia y yo

Comunicación
Pedir y dar el número de teléfono.
Presentar a alguien.
Responder a una presentación.
Expresar capacidades o habilidades.

Gramática
El verbo *gustar*.
Las conjunciones *y* y *pero*.
Adverbios de cantidad.
Adverbios de modo.
Muy/mucho.
Presente de indicativo: verbos regulares.
Los adjetivos posesivos.
Los interrogativos: *qué, cuál(es), quién(es), cuánto/a/os/as, dónde, por qué.*

Vocabulario
La familia.
Los números del 20 al 100.
El aspecto físico.
El carácter.
El trabajo.
Los animales.

Pronunciación
El sonido /b/.
El sonido /s/.

Ortografía
Las letras *b* y *v*.

Cultura y sociocultura
La inmigración en España.
Los animales en la literatura en lengua española.

3 Mi mundo

Comunicación
Expresar preferencias.

Gramática
Adverbios de lugar.
El artículo: formas contractas.
Presente de indicativo: *estar, poder, preferir, poner.*
Contraste *hay/estar.*

Vocabulario
Servicios y lugares en la ciudad.
Los numerales ordinales: 1.º-10.º
Direcciones.
Tipos de vivienda.
Partes de la casa.
Objetos de la casa.
Prendas de vestir.
Conectores para ordenar ideas: *primero, luego/después, al final.*

Pronunciación
El sonido /j/.

Ortografía
Las letras *i* e *y*.

Cultura y sociocultura
Ciudades españolas.
El Metro de Madrid.

* La ortografía se trabaja en el *cuaderno de actividades*.

Para empezar

1a **Mira** el dibujo y **lee** los nombres de los objetos en voz alta.

1b **Escucha** los diálogos y **señala** las palabras de 1a que se mencionan.

1c **Mira** la lista de 1a y **subraya** en rojo las palabras masculinas y en azul las femeninas. ¿Tienen el mismo género en tu lengua?

Gramática

El artículo definido

	Masculino	Femenino
Singular	**el** cuaderno	**la** mochila
Plural	**los** cuadernos	**las** mochilas

2a **Escucha** los diálogos, **fíjate** en cuáles de estos nombres se mencionan y **numéralos** en el orden que escuches.

○ Javier	○ Julio
○ Miguel	○ Daniel
○ Lucas	○ Lucía
○ Gerardo	○ Gabriela
○ Enrique	○ Estrella
○ Alicia	○ Alberto

2b **Elige** un nombre de la lista de 2a, **preséntate** a tus compañeros y **pregúntales** cómo se llaman.

Comunicación

Presentarse y preguntar el nombre

–Hola, me llamo Marta, ¿y tú?
–Hola, soy Juan, ¿y tú?
–¿Cómo te llamas?
–(Yo soy) Gabriela.
–(Me llamo) Diego.

Lección 1 Los sonidos del español

1a **Coloca** en el alfabeto las letras que faltan.

la i

la hache

la uve

la ese

la i griega

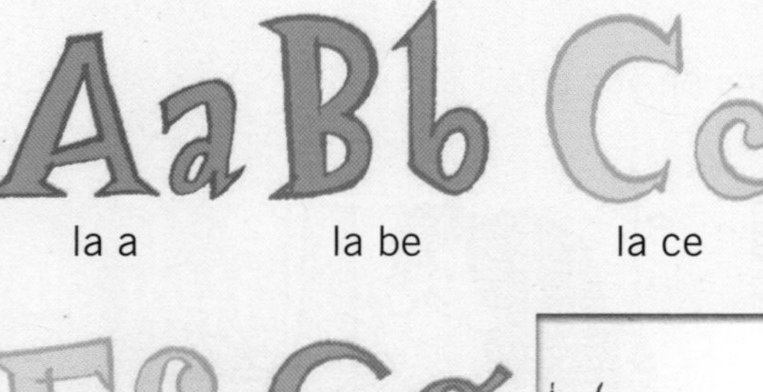

la a | la be | la ce | la che | la de | la e

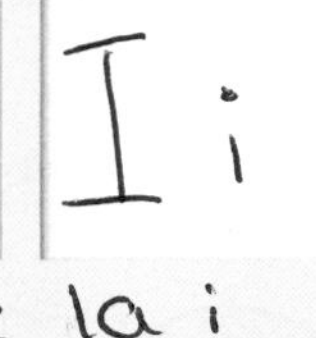

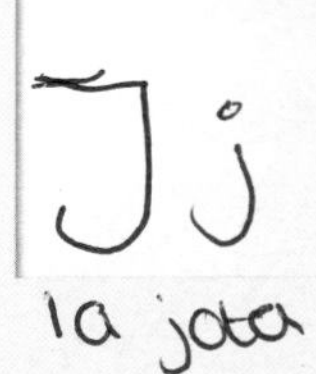

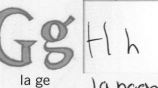

la efe | la ge | la hache | la i | la jota | la ka

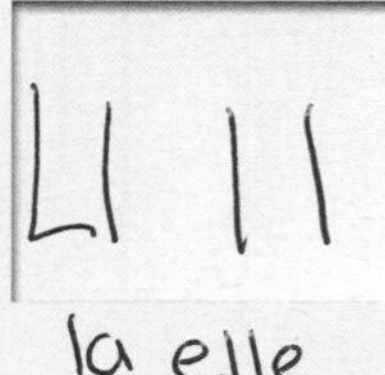

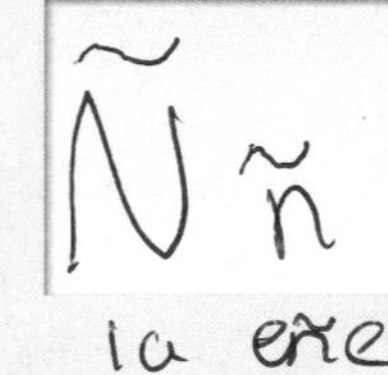

la ele | la elle | la eme | la ene | la eñe

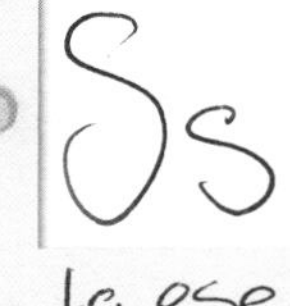

la o | la pe | la cu | la ere/erre | la ese | la te

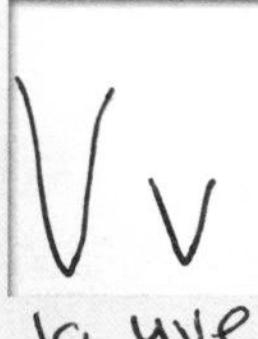

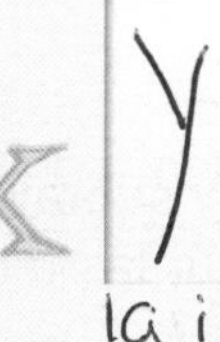

la u | la uve | la uve doble | la equis | la i griega | la zeta

la che

la eñe

la elle

la jota

1b **Leed** en voz alta las letras del alfabeto.

1c **Di** a qué sonido corresponde la *hache*.

1d **Escuchad** una canción y **comprobad** los resultados. Después, **cantadla** todos juntos.

2a **Escucha** la grabación, **fíjate** en el sonido que se repite en cada oración y **haz** un dibujo o un símbolo para representarlos. Después, entre todos, **elegid** el mejor dibujo, el más divertido...

→ **Pronunciación**

- **El sonido /θ/**
- **El sonido /x/**

p. 114

2b **Escucha** otra vez la grabación y **escribe** a qué letra o letras corresponden esos sonidos. Después, **compara** los resultados con tus compañeros para ver si coinciden.

1. Alicia, a la pizarra.
2. Buenos días, soy Sara.
3. Javier, Gerardo, ¿y las tijeras?
4. Me gusta la goma de Miguel.
5. Carmen, ¿quieres un kilo de café?
6. ¿Vives en Bilbao?
7. Mi estuche es chino.
8. Yo me llamo Estrella.

2c **Escucha** los diálogos y **completa** estas palabras.

1. pi...z...arra
2. ...b...olígrafo
3. mo...ch...ila

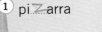

4. servi...c...io
5. cor...ch...o

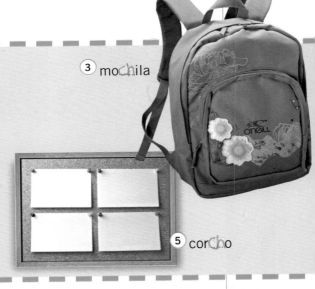

3 En pequeños grupos, **elegid** cinco preguntas del cuadro de comunicación y **hacédselas** a vuestro profesor para saber cómo se dicen o se escriben palabras españolas que os interesen. Si no lo entendéis bien, **pedidle** que repita.

–¿Cómo se dice *dog* en español?
–Perro.
–¿Y cómo se escribe?
–P-E-R-R-O.
–¿Cómo? ¿Puede repetir, por favor?
–Sí. P-E-R-R-O. Perro.

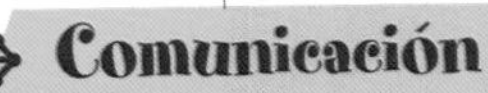

→ **Comunicación**

Preguntar cómo se dice algo

–¿Cómo se llama esto/eso en español?
–¿Cómo se dice dog *en español?*

Preguntar el significado de una palabra

–¿Qué es esto/eso?
–¿Qué significa/Qué quiere decir borrar*?*

Preguntar cómo se escribe una palabra

–¿Cómo se escribe? (¿Con be o con uve?)

Pedir que se repita un dato

–¿Cómo? ¿Puede repetir, por favor?

Pedir permiso

–Perdón, ¿puedo ir al servicio?

¿Dónde se habla español?

1 **Mira** los mapas y **completa** las oraciones.

El español en el mundo

LO: el español es la lengua oficial.
2LO: el español es una de las dos lenguas oficiales.
L2: el español lo hablan y lo estudian muchas personas.

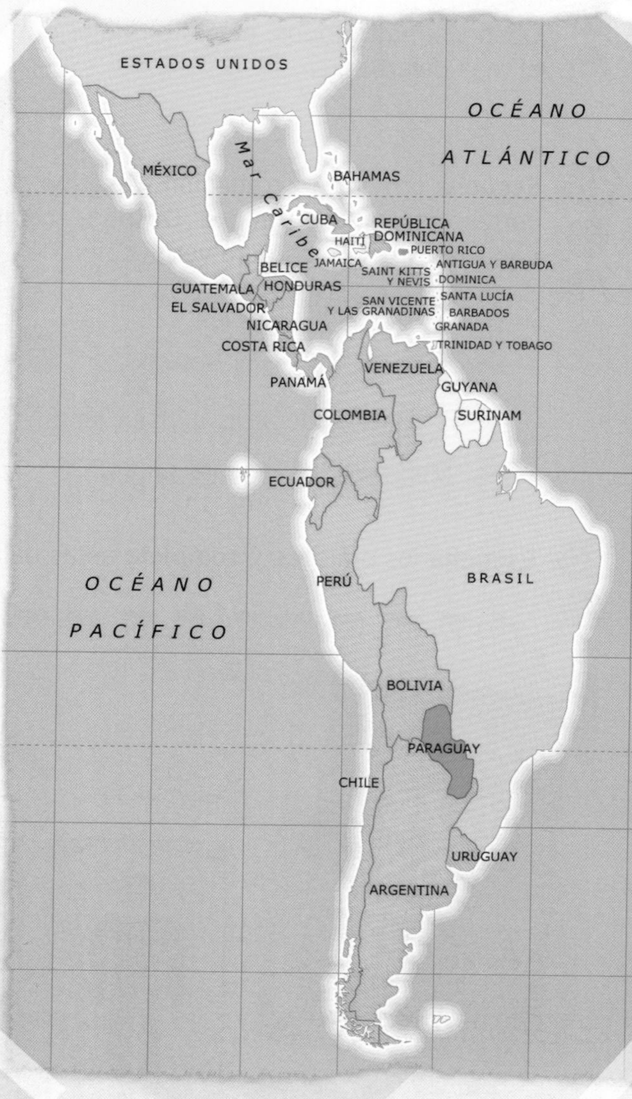

Mapa de América:

1. En Brasil el español no es la lengua oficial.
2. En Estados Unidos muchas personas hablan español.
3. Chile es el nombre del mar de Cuba, del norte de Venezuela y Colombia.
4. En la República Dominicana el español es la lengua oficial.

Mapa de España:

1. En Cataluña, Comunidad Valenciana, Islas Baleares, País Vasco, Navarra y Galicia hay dos lenguas oficiales: español y catalán (o valenciano), español y vasco, y español y gallego.
2. Las Islas Bakares están en el mar Mediterráneo.
3. Las Islas Canarias están en el océano Atlántico.
4. Madrid es la capital de España.

Culturas

2a **Relaciona** cada número con su nombre.

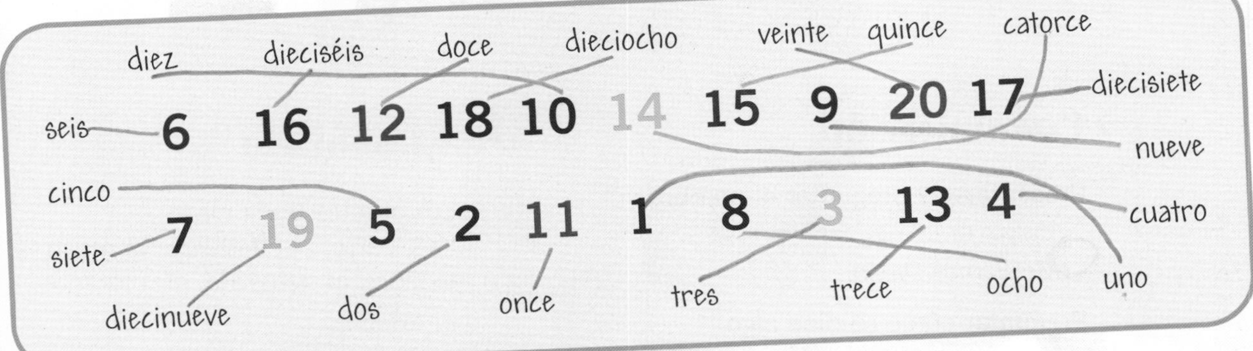

2b **Escribe** en tu cuaderno, en números y letras, tres números del 0 al 20 y **pregunta** a tu compañero para adivinar los suyos. Después, él hará lo mismo.

–¿El quince?
–No.
–¿El doce?
–¡Sí!

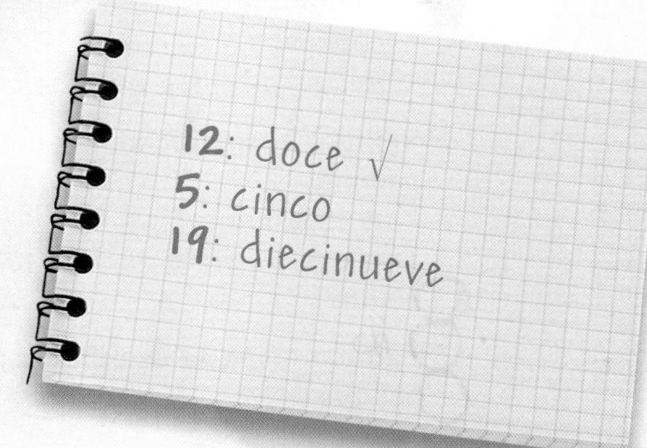

3 **Lee** estas afirmaciones y **corrígelas** si es necesario.

1. La capital de Chile es Buenos Aires, ¿no?
2. Quito está en Argentina, ¿no?
3. Cuba está en el mar Caribe, ¿no?
4. Lima está en el sur de Bolivia, ¿no?
5. Costa Rica está en Sudamérica, ¿no?
6. Nicaragua está en Centroamérica, ¿no?
7. Colombia está en el norte de América del Sur, ¿no?

→ **Comunicación**

Confirmar una información

–La capital de España es Madrid, ¿no?

4 Un concurso: **formad** dos grupos, **escribid** cinco preguntas sobre geografía de España e Hispanoamérica y **leédselas** al otro grupo, que tiene que contestar en un minuto. Gana el grupo que consiga más respuestas correctas.

Utilizad:
Verbos: hay, está (en), tiene
Interrogativos: dónde, cuántos/as, cómo

–¿Cuántas letras tiene la capital de Honduras?
–¿Dónde está Lima?
–¿Cómo se llama la capital de Cuba?

¿Qué he aprendido en esta unidad?

→ Comunicación

Presentarse y preguntar el nombre
–*¿Cómo te llamas?*
–*(Me llamo) Diego.*

Preguntar cómo se dice algo
–*¿Cómo se llama esto/eso en español?*
–*¿Cómo se dice* dog *en español?*

Preguntar el significado de una palabra
–*¿Qué es esto/eso?*
–*¿Qué significa/Qué quiere decir* borrar*?*

Preguntar cómo se escribe una palabra
–*¿Cómo se escribe? (¿Con be o con uve?)*

Pedir que se repita un dato
–*¿Cómo? ¿Puede repetir, por favor?*

Pedir permiso
–*Perdón, ¿puedo ir al servicio?*

Confirmar una información
–*La capital de España es Madrid, ¿no?*

→ Vocabulario

Los objetos de la clase
La pizarra, el cuaderno, la mochila, el lápiz, el bolígrafo, el rotulador...

El alfabeto
La a, la be, la ce...

Los números del 0 al 20
Cero, uno, dos, tres...

Los puntos cardinales
Norte, sur, este, oeste.

→ Pronunciación

El sonido /θ/.
El sonido /x/.
p. 114

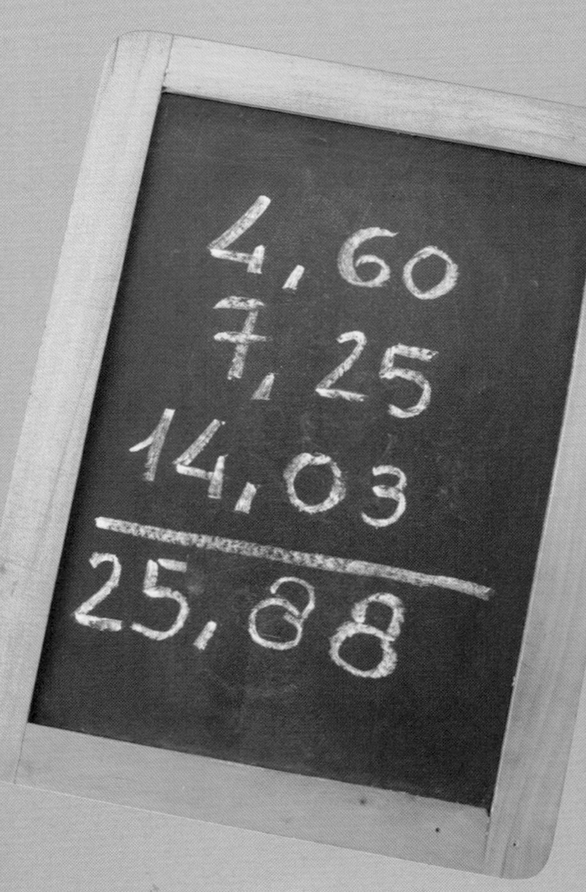

→ Gramática

El artículo definido
p. 123

	Masculino	Femenino
Singular	**el** cuaderno	**la** mochila
Plural	**los** cuadernos	**las** mochilas

El género de los sustantivos
p. 123

Los sustantivos terminados en ***-o*** son generalmente masculinos *(el cuaderno)*. Los sustantivos terminados en ***-a*** son generalmente femeninos *(la mochila)*. Si terminan en consonante o en ***-e*** pueden ser masculinos o femeninos *(el lápiz, la ciudad; el coche, la noche)*.

Los pronombres demostrativos neutros
p. 126

Esto: se refiere a algo que está aquí, cerca de mí.

Eso: se refiere a algo que está ahí, no muy lejos de mí.

Los interrogativos: *qué, cómo, cuántos/as, dónde*
p. 127

–¿Qué es esto?
–¿Cómo te llamas?
–¿Cuántos chicos hay en tu clase?
–¿Cuántas letras tiene el alfabeto español?
–¿Dónde está Perú?

→ Cultura y sociocultura

Países donde se habla español.
Comunidades autónomas españolas y lenguas oficiales en España.

Unidad 1

En clase

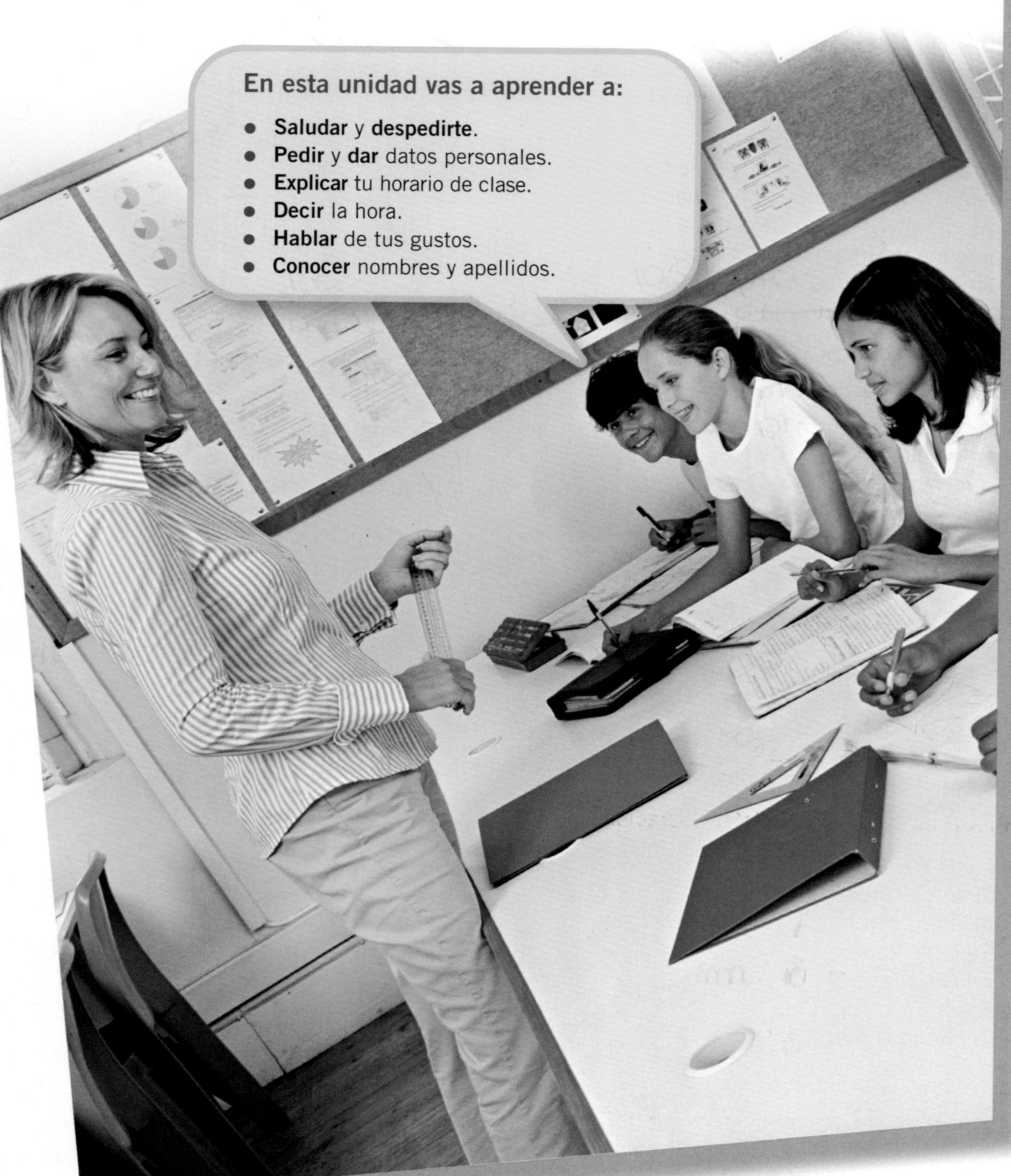

En esta unidad vas a aprender a:
• **Saludar** y **despedirte**.
• **Pedir** y **dar** datos personales.
• **Explicar** tu horario de clase.
• **Decir** la hora.
• **Hablar** de tus gustos.
• **Conocer** nombres y apellidos.

Para empezar

1 **Relaciona** cada diálogo con la fotografía correspondiente.

① –Adiós, gracias.
–Hasta luego.

② –¡Hola!
–Hola, buenos días.

③ –¡Hola! ¿Qué tal?
–¡Hola!

④ –¡Hasta mañana!
–Adiós, hasta mañana.

A

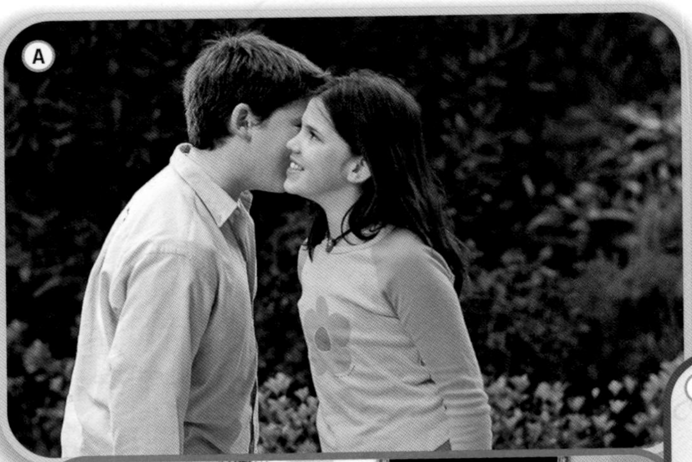

B

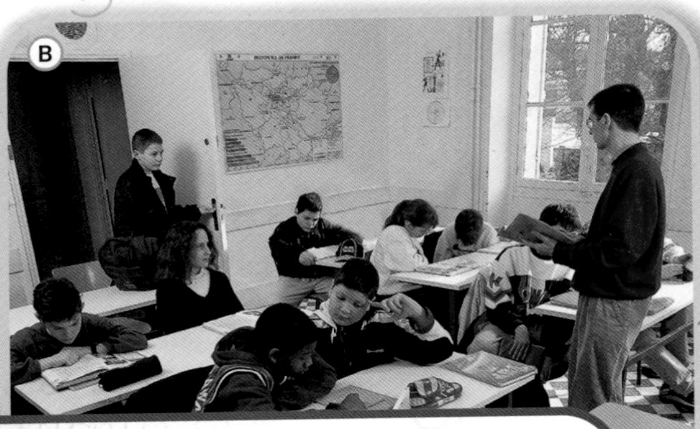

C

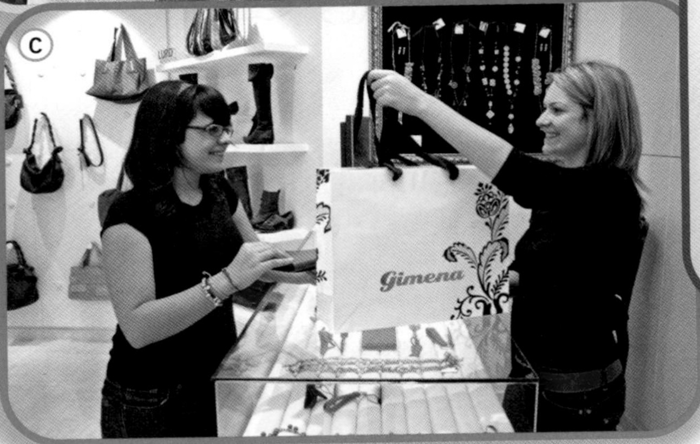

D

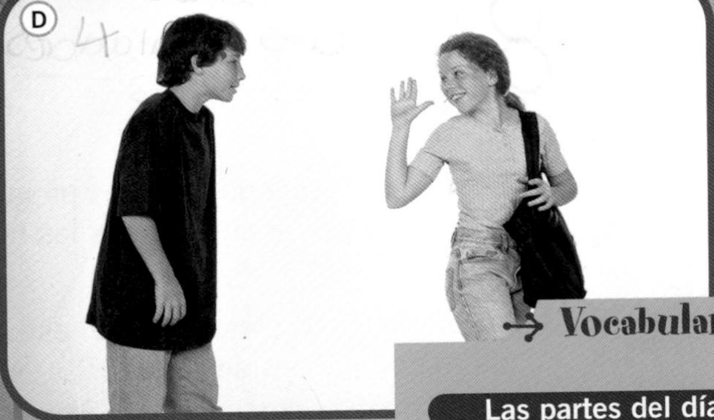

Vocabulario

Las partes del día

La mañana
La tarde
La noche

2 **Mira** los dibujos y **completa** las oraciones.

1

Desayuno a las ocho de la ....

2

Como a las dos de la ....

3

Meriendo a las cinco de la ....

4

Ceno a las nueve de la ....

Lección 1 En mi clase hay...

1a **Mira** los dibujos, **lee** los textos y **señala** cuál es el estuche de Tamara y cuál el de Joaquín.

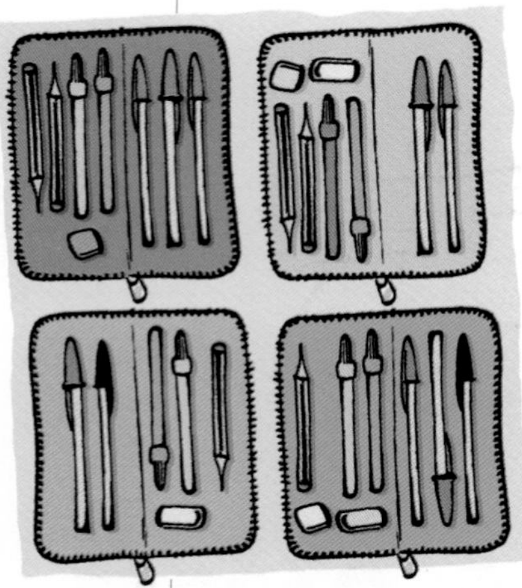

En el estuche de **Tamara** hay dos gomas, dos lápices, dos rotuladores (uno verde y uno rojo) y dos bolígrafos (uno rojo y uno azul).

En el estuche de **Joaquín** hay una goma, un lápiz, dos rotuladores (uno amarillo y uno verde) y dos bolígrafos (uno rojo y uno negro).

→ Gramática

Hay

Indica existencia.

–En el estuche hay un lápiz.

–En el estuche hay (unos) rotuladores.

1b **Escribe** estas palabras en plural.

el bolígrafo: los bolígrafos	el lápiz: ....
la pizarra:	el estuche: ....
el cuaderno:	el sacapuntas: ....
el rotulador:	la clase: ....
la tiza:	el profesor: ....

1c Un concurso: **responded** a estas preguntas. Gana el que escriba antes todas las respuestas correctas.

1. ¿Cuántos bolígrafos hay en el estuche de tu compañero de pupitre?
2. ¿Cuántas ventanas hay en la clase?
3. ¿Cuántas tizas hay en la pizarra?
4. ¿Cuántos libros hay en la mesa del profesor?
5. ¿Cuántas chicas hay en la clase?
6. ¿Cuántos chicos hay en la clase?

→ Vocabulario

Los colores

amarillo	negro
rojo	gris
azul	naranja
verde	violeta
blanco	rosa
	marrón

1d Un juego: **formad** pequeños grupos y **mirad** lo que hay en vuestros estuches. Después, cada uno **coge** un objeto de su estuche, lo **esconde** y los demás **preguntan** para adivinar cuál es.

–¿Qué tengo en la mano?

–¿Tienes un bolígrafo azul?

–No.

–¿Tienes un bolígrafo rojo?

–¡Sí!

→ Gramática

El artículo indefinido

	Masculino	Femenino
Singular	**un** libro	**una** mesa
Plural	**unos** libros	**unas** mesas

Presente de indicativo

	Tener
(yo)	tengo
(tú)	tienes
(él, ella, usted)	tiene
(nosotros/as)	tenemos
(vosotros/as)	tenéis
(ellos/as, ustedes)	tienen

2a **Escucha** la conversación y **señala** en la lista los nombres de los alumnos que no están hoy en clase.

6

LISTA DE ALUMNOS DEL CURSO 6.° A

	Nombres	Apellidos
1.	Yaiza	Al-Mansur
2.	Alberto	Blanco García
3.	Isabel	Chan
4.	Alba Lucía	Contreras Gil
5.	Isabel	Gandía Rico
6.	Óscar	Guerra Garrido
7.	Alberto	López Echevarría
8.	Esther	Martínez Morejón
9.	David	Pérez Contreras
10.	Héctor	Roca Echenique
11.	Daniel	Sánchez Rubio
12.	Cristina	Vázquez García

2b **Lee** estas pistas y **escribe** la respuesta a las preguntas.

Alba Lucía es cubana.

Una Isabel es china.

En la clase hay una chica marroquí.

Dos chicos de la clase son peruanos y uno se llama Alberto.

En la clase hay siete estudiantes españoles.

Alberto Blanco es español.

El segundo apellido de un chico peruano es Echenique.

1. ¿De dónde es Yaiza?
2. ¿Cómo se apellida la niña española que se llama Isabel?
3. ¿De dónde es Alberto López Echevarría?
4. ¿Cuántos chicos hispanoamericanos hay en clase, contando a Alba Lucía?

Gramática

Presente de indicativo

	Ser
(yo)	soy
(tú)	eres
(él, ella, usted)	es
(nosotros/as)	somos
(vosotros/as)	sois
(ellos/as, ustedes)	son

2c **Completa** la tabla.

PAÍS	NACIONALIDAD			
	Masculino Singular	Femenino Singular	Masculino Plural	Femenino Plural
	peruano			peruanas
Japón	japonés		japoneses	
	alemán			
Irán	iraní			

Vocabulario

La nacionalidad

Masculino	Femenino
-o chino ruso italiano	-a china rusa italiana
-consonante español francés portugués	+ a española francesa portuguesa
Misma forma	
marroquí	marroquí

Lección 2 ¿Qué hora es?

1a **Escucha** los diálogos y **escribe** el número correspondiente debajo de cada reloj.

1b **Relaciona** los elementos de las dos columnas.

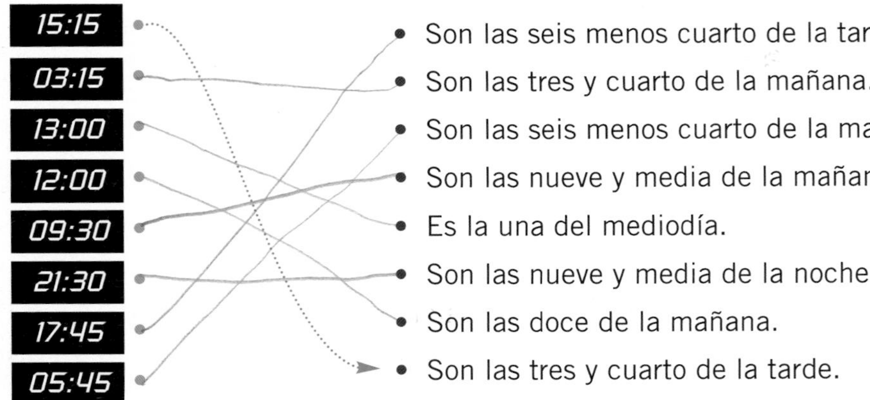

15:15
03:15
13:00
12:00
09:30
21:30
17:45
05:45
Son las seis menos cuarto de la tarde.
Son las tres y cuarto de la mañana.
Son las seis menos cuarto de la mañana.
Son las nueve y media de la mañana.
Es la una del mediodía.
Son las nueve y media de la noche.
Son las doce de la mañana.
Son las tres y cuarto de la tarde.

2a Alba Lucía y Esther son compañeras de clase. **Escucha** su conversación y **escribe** en el horario cuándo son las clases de Matemáticas y de Conocimiento del Medio.

	LUNES	MARTES	MIÉRCOLES	JUEVES	VIERNES
8:45-9:40	Matemáticas	Lengua	Matemáticas	Lengua	Matemáticas
9:40-10:35	Conocimiento	Inglés	Conocimiento	Inglés	Conocimenento
10:35-11:30	Lengua	Matemáticas	Lengua	Matemáticas	Lengua
11:30-12:00	Recreo				
12:00-12:55	Inglés	Conocimiento	Inglés	Conocimiento	Inglés
12:55-13:50	Educación Artística	Religión o Alternativa	Educación Artística	Religión o Alternativa	Informática
13:50-14:45	Educación Física	Música	Educación Física	Música	Informática

2b **Escribe** la respuesta a estas preguntas sobre tu horario de clases.

¿Qué tenéis vosotros...?

- el jueves a primera hora lengua
- el martes a quinta hora religion o alternativa
- el lunes a tercera hora lengua
- el viernes a última hora informatica

2c **Escribe** en tu cuaderno un horario ideal para el lunes y el viernes. **Pregúntale** a tu compañero por el suyo y **escríbelo**. Después, él te preguntará a ti.

3a **Escucha** cómo sigue la conversación entre Alba Lucía y Esther y **señala** si estas afirmaciones son verdaderas (V) o falsas (F).

9

	V	F
1. A Alba Lucía le gusta la biblioteca.	✓	
2. A Alba Lucía no le gusta el gimnasio.		✓
3. A Alba Lucía no le gustan los compañeros.		✓
4. A Alba Lucía hay profesores que no le gustan.	✓	
5. A Alba Lucía en general le gusta el colegio.	✓	

3b **Pregunta** a tu compañero y **señala** sus gustos en la tabla. Después, él te preguntará a ti. **Comentad** si tenéis gustos similares.

	Mucho	Bastante	Nada
Mis compañeros de clase			
Los profesores			
Las instalaciones deportivas			
Los horarios			
Las aulas			
El patio			
El comedor			

3c **Comentad** qué es lo que más os gusta del colegio para saber qué piensa la mayoría de la clase.

Vocabulario

Los numerales ordinales

primero/a
segundo/a
tercero/a
cuarto/a
quinto/a
sexto/a

Gramática

Presente de indicativo

	Gustar
(a mí)	**me** gusta(n)
(a ti)	**te** gusta(n)
(a él, ella, usted)	**le** gusta(n)
(a nosotros/as)	**nos** gusta(n)
(a vosotros/as)	**os** gusta(n)
(a ellos/as, ustedes)	**les** gusta(n)

–¿Te gusta el colegio?
–Sí, bastante.

–¿Te gustan las Matemáticas?
–No, no me gustan nada.

¿Tienes un boli?

1a **Escucha** los diálogos y **escribe** el número correspondiente debajo de cada dibujo.

>10

1b **Lee** los diálogos y **complétalos**.

1. –¡Hola! ¿Cómo te llamas?
–Aurora, ¿y tú?
–Alicia. ¿De dónde eres?
–Soy venezolana, de Caracas.
–¡Ah! ¿Y cuántos años tienes?
–Once, casi doce.

2. –¿Tenéis un boli azul?
–No.
–Yo sí, toma.

3. –¿Cómo os llamáis?
–Yo, Mario.
–Y yo, Santi.

4. –¿Tienes unas tijeras?
–Sí, toma.
–Gracias.

5. –¿Vosotros sois españoles?
–Yo sí.
–Yo no. Soy argentino.

6. –Bueno, adiós, chicos. Hasta el lunes.
–¡Buen fin de semana!
–Igualmente.

¿De dónde eres?
toma
¿Y cuántos años tienes?
Yo no
Yo sí
¡Buen fin de semana!
Yo

1c **Escucha** otra vez los diálogos y **comprueba** los resultados.

>10

Pronunciación

La entonación de las oraciones declarativas, exclamativas e interrogativas

p. 114

2a **Imagina** que has nacido en un país donde se habla español. **Invéntate** una identidad (nombre, apellidos, edad y nacionalidad) y **memoriza** los datos.

2b Un juego: **pregunta** a tus compañeros de clase para conocer su nueva identidad e **intenta** recordar sus datos.

Comunicación

Pedir datos personales
–¿Cómo te llamas?
–¿De dónde eres?
–¿Cuántos años tienes?

Pedir algo y responder
–¿Tienes un rotulador rojo?
–No, lo siento./Sí, toma.

Despedirse
–¡Adiós!/¡Hasta luego!/ ¡Hasta mañana!
–¡Hasta el lunes!/ ¡Buen fin de semana!

2c **Escribe** los datos de los compañeros con los que has hablado. ¿Quién ha escrito más datos correctos?

Gramática

Presente de indicativo

	Llamarse
(yo)	**me** llamo
(tú)	**te** llamas
(él, ella, usted)	**se** llama
(nosotros/as)	**nos** llamamos
(vosotros/as)	**os** llamáis
(ellos/as, ustedes)	**se** llaman

1a **Comenta** con tus compañeros lo que sabes de estos personajes.

1

2

3

4

5
6

1b **Lee** los textos y **escribe** los nombres y apellidos de los personajes. Después, **relaciónalos** con las fotografías de 1a correspondientes. Recuerda que en España e Hispanoamérica se usan dos apellidos: el primero es el del padre y el segundo, el de la madre.

A. Su padre se llama Eduardo Cruz y su madre Encarna Sánchez. No son famosos.
Penélope Cruz Sánchez. 

B. Sus padres son muy famosos. Su madre se llama Sofía de Grecia y su padre Juan Carlos de Borbón.
....

C. Sus padres son mexicanos. Su madre tiene un apellido de origen francés, Percevault. En cambio, su padre lo tiene de origen español: Venegas.
....

D. Sus padres son asturianos. Su padre se apellida Alonso y su madre, Díaz.
....

E. Su padre es español y se apellida Lafuente. Su madre es de origen rumano y se apellida Medianu. Su nombre artístico procede de su abuelo materno: Pataky.
....

F. Su verdadero nombre es Isabel. Su padre es libanés, se llama William Mebarak. Su madre es colombiana de origen español y se llama Nidia del Carmen Ripoll. Su nombre artístico es árabe.
....

Culturas

2 **Mira** este carné de identidad y **completa** el otro con tus datos.

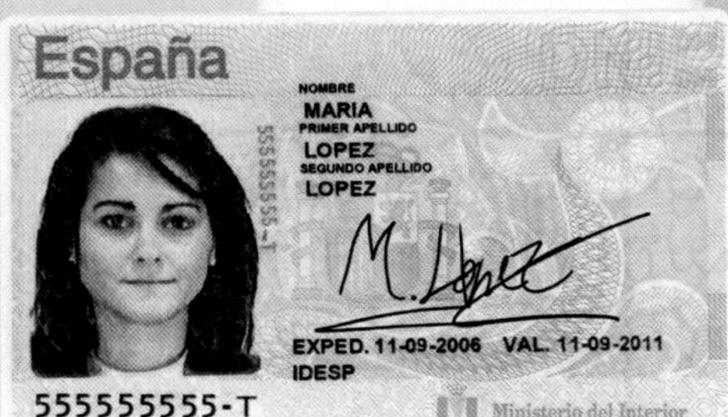

NACIO EN GIJON
PROVINCIA ASTURIAS
EL 03-01-1989
HIJO/A DE ANTONIO y PILAR
SEXO M-F
DOMICILIO C.DEL RIO 6 3B
LOCALIDAD MADRID
PROVINCIA MADRID
EQUIPO 33GBBBBS3

IDESP555555555T9<<<<<<<<<<<<<<<
08018566T3509017ESP<<<<<<<<<<<8
LOPEZ< LOPEZ <<MARIA<<<<<<<<<<<

NACIO EN
PROVINCIA
EL
HIJO/A DE
SEXO
DOMICILIO
LOCALIDAD
PROVINCIA
EQUIPO 33GBBBBS3

IDESP555555555T9<<<<<<<<<<<<<<<
08018566T3509017ESP<<<<<<<<<<<8
LOPEZ< LOPEZ <<MARIA<<<<<<<<<<<

3 **Pregunta** a tu profesor si tu nombre se puede traducir al español y **escríbelo**.

4 **Escribe** el nombre que corresponde a estos diminutivos.

Pepe es el diminutivo de ....
Paco es el diminutivo de ....
Lola es el diminutivo de ....
Santi es el diminutivo de ....
Yoli es el diminutivo de ....
Pili es el diminutivo de ....
Nacho es el diminutivo de ....
Maribel es el diminutivo de ....

RINCÓN DE LA RED

Estos son algunos españoles que han ganado un Premio Nobel. **Relaciona** los nombres con los apellidos correspondientes y **comprueba** los resultados en el buscador de Premios Nobel de www.aldeaeducativa.com/aldea/nobel.asp.

- Camilo
- Vicente
- Juan Ramón
- Santiago

- Jiménez
- José Cela
- Ramón y Cajal
- Aleixandre

¿Qué he aprendido en esta unidad?

→ Comunicación

Saludar y despedirse
–*¡Hola!, ¿qué tal?*
–*Adiós, hasta mañana.*

Pedir datos personales
–*¿Cómo te llamas?*
–*¿De dónde eres?*
–*¿Cuántos años tienes?*

Pedir algo y responder
–*¿Tienes un rotulador rojo?*
–*No, lo siento./Sí, toma.*

→ Gramática

Hay p. 134
–*En el estuche hay un lápiz.*
–*En el estuche hay (unos) rotuladores.*

El número: formación del plural p. 124
–*El libro, los libros.*
–*El profesor, los profesores.*
–*Las tijeras.*
–*El/los sacapuntas.*

Los adjetivos calificativos p. 124
–*En el estuche hay un lápiz rojo.*
–*Alba Lucía es cubana.*

El artículo indefinido p. 123

	Masculino	Femenino
Singular	**un** libro	**una** mesa
Plural	**unos** libros	**unas** mesas

Presente de indicativo p. 131
Tener: tengo, tienes, tiene, tenemos, tenéis, tienen.
Ser: soy, eres, es, somos, sois, son.
Gustar: me gusta(n), **te** gusta(n), **le** gusta(n), **nos** gusta(n), **os** gusta(n), **les** gusta(n).
Llamarse: me llamo, **te** llamas, **se** llama, **nos** llamamos, **os** llamáis, **se** llaman.

Los pronombres personales sujeto p. 125
En español suelen omitirse, porque sabemos de qué persona se trata por la forma del verbo. Los escribimos cuando queremos contrastar o distinguir a una persona con respecto a otras.
–*¿Eres Ana?*
–*No, Ana es ella; yo soy María.*

→ Vocabulario

Las partes del día
La mañana, la tarde, la noche.

Los colores
Azul, rojo, amarillo, verde, blanco...

La nacionalidad
Chino/a, español/a, marroquí...

Las horas
En punto, y media, menos cuarto...

Los días de la semana
Lunes, martes, miércoles, jueves...

Las asignaturas
Matemáticas, Lengua, Informática...

Los numerales ordinales
Primero/a, segundo/a, tercero/a...

→ Pronunciación

p. 114 La entonación de las oraciones declarativas, exclamativas e interrogativas.

→ Cultura y sociocultura

Famosos españoles e hispanoamericanos.
El uso de dos apellidos.
Diminutivos y formas coloquiales de nombres propios.

Unidad

2

Mi familia y yo

En esta unidad vas a aprender a:

- **Hablar** de ti mismo: datos personales, gustos, aficiones, etc.
- **Describir** a las personas de tu familia.
- **Hablar** de tus mascotas.

Para empezar

1a **Mira** el árbol genealógico de Javier, **lee** su descripción y **complétala**.

Pedro (70 años): le gusta el fútbol.

Juana (70): le gustan las plantas.

Teresa (70): le gusta cocinar.

Pepe (44) y Pilar (42): les gusta bailar.

Pedro (43): le gusta tocar el piano.

Luisa (42): le gusta leer.

Javier (37): le gusta conducir.

Adela (35) y Luis (37): les gusta viajar.

Félix (30): le gustan las motos.

Miguel (17): le gusta el fútbol.

Marta (15): le gusta ir de tiendas.

Javier (11): le gustan los videojuegos.

Quique (7): le gustan los coches.

Luz (5): le gustan las muñecas.

Esta es mi familia. Mis padres se llaman Pedro y Luisa. Tengo una hermana, Marta, que tiene quince años. Tenemos tres abuelos y muchos tíos: el tío Pepe es hermano de mi padre, está casado con la tía Pilar y tienen un hijo, Miguel. Mi madre tiene tres hermanos: el tío Javi, que está divorciado y tiene un hijo de siete años, nuestro primo Enrique (Quique); la tía Adela, que vive con su novio Luis y tiene una hija, Luz, de cinco años; y el tío Félix, que tiene treinta años y está soltero.

- casado
- padres
- primo
- soltero
- hermanos

1b  **Elige** un personaje de la familia de Javier y **responde** a las preguntas de tus compañeros, que tienen que descubrir quién es. Las preguntas solo se pueden responder con *sí* o *no*.

Lección 1 Este soy yo

1a **Escucha** la conversación y **señala** cuáles son los números de teléfono de Santi. (> 11)

Su número de casa es el:	Su número de móvil es el:
○ 912 45 14 06	○ 652 14 21 17
✓ 912 45 12 06	○ 652 14 21 37
○ 912 45 13 06	✓ 652 14 21 27

→ Comunicació

Pedir y dar el número de teléfono

–*¿Me das tu número de casa, por favor?*
–*Sí, es el 912 44 13 22.*
–*¿Tienes móvil?*
–*Sí, es el 636 26 78 27.*
En España es habitual leer los números de teléfono separado por decenas.

→ Vocabulario

Los números del 20 al 100

- Del 20 al 30 se escriben unidos: **vein**te, **veinti**uno/**veinti**una/**veinti**ún, **veinti**dós, **veinti**trés, **veinti**cuatro, **veinti**cinco, **veinti**séis, **veinti**siete, **veinti**ocho, **veinti**nueve, **trein**ta.
- Se escriben separados: treinta **y** uno/una/un, treinta **y** dos, treinta **y** tres, cuarenta **y** uno/una/un, etc.
- Como *treinta*: **cuarenta** (40), **cincuenta** (50), **sesenta** (60), **setenta** (70), **ochenta** (80) y **noventa** (90).
- **Cien** (100).

1b **Escribe** dos números de teléfono en tu cuaderno y **díctaselos** a tu compañero, separando los números por decenas. Él los **escribe** y te **pregunta** para adivinar de quiénes son.

2 **Lee** estos anuncios de intercambio de correspondencia y las afirmaciones que hay debajo, y **corrige** las que no están bien.

De: daniel.faustini@yatoo.es

Hola, me llamo Daniel y tengo doce años. Soy argentino, de Córdoba, pero ahora vivo en Buenos Aires. Me gustan los cómics de Spiderman, el hombre-araña, y tengo una gran colección. Hablo bastante bien inglés y un poco de italiano. ¡Hasta pronto!

De: sarita_11@email.es

Hola, soy Sara. Vivo en Santander, una ciudad del norte de España. Tengo once años y me gustan mucho todos los deportes. Hablo español, un poco de inglés y también estudio alemán. ¡Espero tus noticias!

De: patefa@yaves.es

Somos tres amigas que vivimos en Valencia, España. Yo soy Patricia, soy argentina, pero vivo con mis padres aquí. Tere es valenciana y Fátima es medio española medio marroquí. Tenemos todas trece años y estudiamos 2.° de ESO. Hablamos un poco de inglés y Fátima habla muy bien francés. ¿Por qué no nos escribes?

De: juandavid@yatoo.es

Hola, somos Juan y David. Somos de Santiago de Compostela, en Galicia, España. Tenemos quince años y nos gustan las chicas guapas, la música *rock* y los libros fantásticos, como *El señor de los anillos*. También nos gusta navegar por Internet, claro. ¿Nos escribís (en español o en francés)?

1. A David y a su amigo les gusta mucho la música clásica.
   No, les gusta la música *rock*.
2. Patricia es marroquí. No, medio marroquí
3. Juan y David hablan inglés. No, hablan inglés
4. Daniel habla italiano. No, habla un poco de italian
5. A Sara le gusta el deporte. Sí, le gustan él deporte

→ Gramática

Las conjunciones *y* y *pero*

Las conjunciones *y* y *pero* sirven para relacionar elementos del mismo tipo.

Y (*e* delante de *i-* o *hi-*) = A + B
–*Luisa **y** María hablan inglés.*
Pero = A ↔ B
–*Soy argentina, **pero** vivo en España.*

3 **Lee** estas oraciones, **piensa** a quién se refieren las formas verbales y **subraya** la parte del verbo que sirve para reconocer la persona.

1. ¿**Te llamas** Víctor? llamar
2. Perdón, señor, ¿**habla** español? hablar
3. **Hablo** inglés y **aprendo** español. apprendar
4. ¿Nos **escribís**, chicas? escribir
5. **Viven** en una casa muy bonita, señores Pérez. vivir
6. **Habla** inglés y un poco de italiano. hablar
7. **Navegan** mucho por Internet. navegar
8. **Estudiamos** español. Estudiar
9. ¿**Vives** en Italia? vivir
10. **Vive** en Argentina. vivir

→ Pronunciación

El sonido /b/

p. 115

→ Gramática

Presente de indicativo: verbos regulares

	Habl**ar**	Aprend**er**	Viv**ir**
(yo)	habl**o**	aprend**o**	viv**o**
(tú)	habl**as**	aprend**es**	viv**es**
(él, ella, usted)	habl**a**	aprend**e**	viv**e**
(nosotros/as)	habl**amos**	aprend**emos**	viv**imos**
(vosotros/as)	habl**áis**	aprend**éis**	viv**ís**
(ellos/as, ustedes)	habl**an**	aprend**en**	viv**en**

4a **Lee** la letra de esta canción, **mira** los dibujos y **complétala**.

fuerte ✓ | inteligente ✓ | bella ✓ | guapo ✓

SOY, ERES, ES

Soy grande, soy fuerte y muy, muy valiente.
Elástico, fantástico, gimnástico, ¡sí!
Soy vivo, soy listo, soy inteligente.
Con la boca abierta me mira la gente.
Soy, soy, soy, eres, es.
Simpático, lunático, único, ¡tú!
Soy guapo, ¡qué guapo!, soy un monumento,
¿te paras un momento para mirarme bien?
Soy linda, soy bella. Soy una estrella
del cine, del teatro, del baile y la canción.

4b **Escucha** la canción y **comprueba** los resultados.

12

5 En pequeños grupos, **comentad** vuestras aficiones para descubrir qué cosas tenéis en común. Después, **escribid** un mensaje como los de la actividad 2 para buscar un intercambio de correspondencia.

→ Pronunciación

El sonido /s/

p. 116

Lección 2 Mi familia

1a **Lee** el texto y **señala** cuáles de estas personas son miembros de la familia de Lucas.

Vocabulario

El aspecto físico

Es pequeño/a, joven, un señor/una señora mayor...
Es alto/a, bajito/a, delgado/a, gordito/a, rubio/a, moreno/a, castaño/a...
Tiene el pelo rubio, castaño, moreno...
Tiene los ojos claros, oscuros, verdes, azules, negros, marrones...
Lleva barba, bigote, gafas...

El carácter

Es (muy) simpático/a, inteligente, tímido/a...
En español, las cualidades se suelen acompañar de *muy*, y los defectos de *un poco*.
–Es muy inteligente.
–Es un poco antipática.

El trabajo

Es profesora, cantante, actor/actriz...
Trabaja en un colegio, un hospital, una oficina...

Hola, soy Lucas y tengo doce años. En casa somos cinco personas. Mi madre se llama Nieves y es profesora. Le gustan mucho las plantas. Es morena, lleva gafas y está un poco gordita.
Mi padre se llama Jesús y trabaja en una oficina. Lleva barba. Le gustan los coches antiguos y hacer gimnasia. Es muy simpático.
Tengo una hermana de dieciocho años, Clara. Es hermana de madre, pero no de padre. Es muy alta, delgada, morena y tiene los ojos verdes. Es muy simpática. Toca la guitarra en un grupo de rock.
También vive con nosotros mi abuelo Miguel Ángel, el padre de mi padre. Tiene setenta años y le gusta leer el periódico todos los días y contar cosas de sus tiempos de joven.
Yo me llamo Lucas. Llevo gafas, soy moreno y estoy un poco gordito. Me gustan los animales, las películas de terror y los videojuegos. También me gustan los deportes, sobre todo el fútbol. Tengo muchos amigos, soy muy simpático, muy guapo y muy inteligente... (¡Je, je!).

1b **Escucha** la conversación y **señala** a cuál de estos chicos se refiere Marina.

1c De dos en dos, cada uno **describe** a una persona de su familia al compañero para que la dibuje. Después, **intercambiad** vuestros dibujos y **comentad** si hay que cambiar algo.

2 **Lee** el diálogo y **complétalo**.

vuestro	su	mis	vuestros
vuestras	nuestra	tus	mi

Madre: Mira, Juan, y tú también, Alicia. Estos son .... tíos de Caracas; el hermano de papá, Álvaro, y .... mujer, Diana.

Juan: ¿Y estas son .... primas?

Madre: Sí, ... primas y las de tu hermana, claro. Se llaman Ángela y Asunción.

Alicia: ¡Ah! ¿Y esta señora quién es?

Madre: La abuela de .... primas, la madre de Diana.

Juan: Pero no es .... abuela también, ¿no?

Madre: No, vuestras abuelas son .... madre y la madre de .... padre.

→ Gramática

Los adjetivos posesivos

Objeto poseído o relacionado singular

Masculino	Femenino
mi abuelo	**mi** abuela
tu primo	**tu** prima
su primo	**su** prima
nuestro tío	**nuestra** tía
vuestro tío	**vuestra** tía
su primo	**su** prima

Objeto poseído o relacionado plural

Todas las formas + *s*: **mis** abuelos, **nuestras** primas...

3 **Describe** en tu cuaderno a una familia famosa. **Lee** el texto en voz alta y **responde** a las preguntas de tus compañeros, que tienen que descubrir de cuál se trata.

Lección 3 Mis mascotas

1a **Escucha** la conversación y **escribe** el orden en el que Andrea le presenta a su amiga Irene a su familia y sus mascotas.

Su abuelo.	n.º ....
Su hermana Lucía.	n.º ....
Su madre.	n.º ....
Su gato Gaby.	n.º ....
Lola, la salamandra.	n.º ....
Sus tortugas Pinka y Ponka.	n.º ....
Su perro Pluto.	n.º ....

1b **Escucha** otra vez la conversación y **completa** el diálogo.

Andrea: ¡Hola!
Madre: ¡Hola, Andrea, hija!
Andrea: Mamá, ... mi amiga Irene.
Madre: Hola, Irene. ....
Irene: .... ¿Y usted?
Madre: Bien.
(...)
Andrea: Mira, este es mi abuelo. Abuelo, esta es Irene.
Irene: ¡Hola! ....
Abuelo: Bien, hija, bien.
(...)
Andrea: Y esta es mi hermana Lucía. ¡Hola, Luci! Mira, esta es Irene.
Lucía: ....
Irene: ¡Hola!

→ Comunicación

Presentar a alguien

–Este es mi amigo Jaime.
–Estas son mis primas, Ana y Tere.

Responder a una presentación

Informal
–Hola, ¿qué tal?

Formal
–Encantado/a.
–¿Cómo está usted?

1c **Mira** las fotografías y **comenta** con tu compañero si crees que estas personas emplean la forma *tú* o la forma *usted*.

1

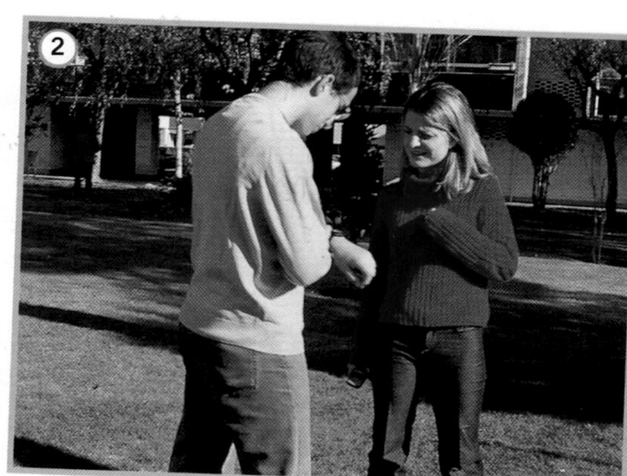

2

2a **Lee** esta encuesta y **complétala**.

Encuesta: animales en casa

1. ¿Te gustan los animales?
   - [x] Sí.
   - [ ] No.
2. ¿Tienes animales en casa?
   - [ ] Sí.
   - [x] No.
3. ¿Qué animal o animales tienes? ¿Por qué?
   - [x] Gatos
   - [x] Perros
   - [ ] Pájaros (periquitos, loros, canarios...)
   - [ ] Hámsters
   - [x] Conejos
   - [ ] Peces
   - [ ] Otros (especificar): ....

2b  **Comenta** los resultados de la encuesta con tus compañeros y **responded** a estas preguntas.

1. ¿Cuántos chicos de la clase tienen animales en casa?
2. ¿Cuántos no tienen animales pero les gustan mucho?
3. ¿Cuál es el animal más popular entre las personas de la clase?

Gramática

Los interrogativos

–¿***Qué*** *curso estudias?*
–¿***Cuál*** *es tu animal preferido?*
–¿***Quién*** *es este?*
–¿***Cuántos*** *años tienes?*
–¿***Cómo*** *son tus padres?*
–¿***Dónde*** *está tu colegio?*
–¿***Por qué*** *estudias español?*

3a **Lee** las descripciones y **subraya** las cualidades y los defectos de estas mascotas.

Mira, este es mi perro Toby. Es marrón, muy bonito, muy inteligente y cariñoso. Sabe dar la pata y jugar al frisbi. Su único defecto: ¡no le gusta el agua!

Esta es nuestra perra Suri. Es pequeña, solo tiene cuatro meses. Es muy juguetona y muy simpática, pero un poco perezosa: no le gusta ir a la calle, porque tiene las patas muy cortas.

Este es Tom, nuestro gato. Es tímido y muy tranquilo. Le gusta mucho dormir, pero a veces también le gusta saltar por toda la casa y jugar.

Este es Hugo, mi hámster. Es muy bonito, ¿verdad? Hugo es muy alegre y le gusta mucho comer, también mis zapatillas. Y sabe cantar, ¡no es broma!

3b   En pequeños grupos, **comentad** cómo puede ser la mascota ideal para la clase (puede ser un animal imaginario), **dibujadla** y **escribid** su descripción.

Comunicación

Expresar capacidades o habilidades

–Sé cantar.
–Sabe bailar.

Una gran familia

1a **Lee** el texto y **señala** si estas afirmaciones son verdaderas (V) o falsas (F).

	V	F
1. La mayor comunidad de inmigrantes en España proviene de Hispanoamérica.	☐	☐
2. Los británicos son la segunda comunidad europea más presente en España.	☐	☐
3. El fenómeno de la inmigración no contribuye al crecimiento de la población española.	☐	☐
4. Las nuevas personas procedentes de otros países y culturas contribuyen al cambio de la sociedad española.	☐	☐

La inmigración en España

La sociedad española cambia de forma profunda y rápida al mismo tiempo. Uno de los aspectos donde más se nota este cambio es el de la inmigración. Antes, muchos españoles emigraban a América, Alemania, Suiza o Francia; en cambio, ahora España recibe a muchas personas de otros países y culturas que participan en la vida, en la economía y en la sociedad española. Gracias a ellos, la población está creciendo y actualmente llega casi a los 45 millones. El 9 % de ellos son inmigrantes.

Según datos del padrón de 2006, casi la mitad de los extranjeros que viven en España proceden de cinco países: Marruecos (con un 14 %), Ecuador (con un 11,5 %), Rumanía (con un 10 %) y, en último lugar, Reino Unido y Colombia. Además de estos países, podemos mencionar otros, como Alemania, Italia, Francia, Bolivia, Argentina o China.

1b **Corrige** las oraciones de 1a que son falsas.

1c **Lee** estos testimonios y **escribe** de cuál de los países mencionados en el texto anterior procede cada persona.

1. Mi familia viene de un país muy pequeño que está muy lejos, pero donde se habla también español. Mis abuelos viven en la sierra con mis tíos y tienen una llama que se llama Gertrudis.

2. Toda mi familia vive en Leticia, una ciudad que está en la selva más grande del mundo. Mi hermano trabaja con una barca en el río.

3. Mis primos viven cerca del desierto. Venden higos a los turistas para ayudar a la economía familiar.

4. Mi familia viene de una región europea muy famosa porque de allí es un personaje de terror muy conocido. Mi padre es ingeniero, pero aquí trabaja en la construcción.

5. Yo no vivo en España, pero mis abuelos sí. A ellos les encanta la playa y el sol, por eso viven en las Islas Baleares. Mis padres, mis hermanos y yo vamos con ellos todos los veranos.

2a **Lee** estos textos literarios sobre un caballo, un gato y un burro y **escribe** con qué animal relacionas estos adjetivos.

perezoso | tímido | independiente | juguetón | tranquilo | inteligente | alegre | tonto

1 *Y así, después de muchos nombres que formó, borró y quitó, añadió, deshizo y tornó a hacer en su memoria e imaginación, al fin le vino a llamar Rocinante, a su parecer, alto, sonoro y significativo. (...)*

Miguel de Cervantes. El ingenioso hidalgo don Quijote de La Mancha.

2 Oh fiera independiente de la casa, arrogante vestigio de la noche, perezoso, gimnástico y ajeno, profundísimo gato, policía secreta de las habitaciones. (...)

Pablo Neruda. *Oda al gato.*

3 Platero es pequeño, peludo, suave; tan blando por fuera, que se diría todo de algodón, que no lleva huesos. (...)

Juan Ramón Jiménez. *Platero y yo.*

2b **Lee** otra vez los textos y **contesta** a estas preguntas.

1. ¿En cuál de ellos se habla del aspecto físico del animal?
2. ¿En cuál se mencionan sus cualidades o defectos?
3. ¿Y en cuál se habla de su nombre?

RINCÓN DE LA RED

Busca en Internet el nombre y la fotografía de un animal que te gusta y **escribe** por qué. Puedes buscar en www.zoomadrid.com.

Me gusta el delfín porque es...

¿Qué he aprendido en esta unidad?

→ Comunicación

Pedir y dar el número de teléfono
–*¿Me das tu número de casa, por favor?*
–*Sí, es el 912 44 13 22.*

Presentar a alguien
–*Este es mi amigo Jaime.*

Responder a una presentación
–*Hola, ¿qué tal?*
–*Encantado/a.*

Expresar capacidades o habilidades
–*Sé cantar.*

→ Gramática

El verbo *gustar*
p. 132
Me/Te/Le/Nos/Os/Les + gusta + sustantivo singular/infinitivo
–*Me gusta el fútbol/comer.*
Me/Te/Le/Nos/Os/Les + gustan + sustantivo plural
–*Me gustan los animales.*

Las conjunciones *y* y *pero*
p. 129
–*Luisa* ***y*** *María hablan inglés.*
–*Soy argentina,* ***pero*** *vivo en España.*

Adverbios de cantidad
p. 129
–*Me gustan* ***mucho*** *los coches.*
–*Mi perro es* ***un poco*** *feo.*

Adverbios de modo
p. 129
–*Yo no hablo* ***bien*** *inglés.*

Muy/mucho
p. 129
Muy + adjetivo/adverbio
–*Mi hermana es* ***muy*** *guapa.*
–*Yo corro* ***muy*** *rápido.*
Verbo + *mucho*
–*Me gusta* ***mucho*** *el café.*
Mucho/a/os/as + sustantivo
–*¿Tienes* ***muchos*** *primos?*

Presente de indicativo: verbos regulares
p. 131
Hablar: habl**o**, habl**as**, habl**a**, habl**amos**, habl**áis**, habl**an**.
Aprender: aprend**o**, aprend**es**, aprend**e**, aprend**emos**, aprend**éis**, aprend**en**.
Vivir: viv**o**, viv**es**, viv**e**, viv**imos**, viv**ís**, viv**en**.

Los adjetivos posesivos
p. 126
Mi, tu, su, nuestro/a, vuestro/a, su; mis, tus, sus, nuestros/as, vuestros/as, sus.

Los interrogativos
p. 127
Qué, cuál(es), quién(es), cuánto/a/os/as, cómo, dónde, por qué.

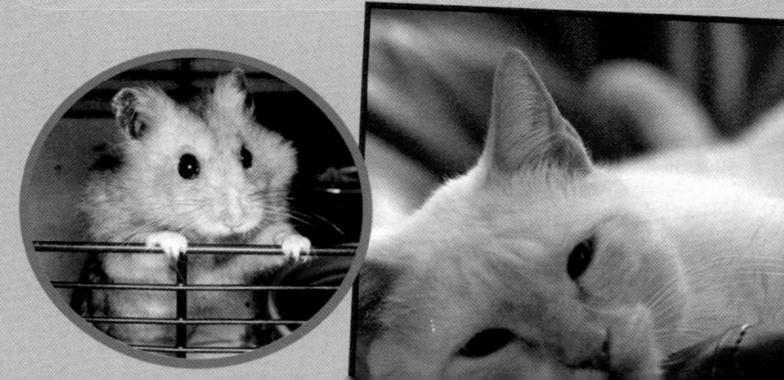

→ Pronunciación

El sonido /b/.
El sonido /s/.
p. 115

→ Cultura y sociocultura

La inmigración en España.
Los animales en la literatura en lengua española.

→ Vocabulario

La familia
Padres, padre/madre, hijo/a...

Los números del 20 al 100
Veinte, veintiuno/veintiuna/veintiún...
Cuarenta, cincuenta, sesenta... cien.

El aspecto físico
Alto/a, rubio/a, delgado/a...

El carácter
Simpático/a, tímido/a...

El trabajo
Profesor, cantante, actor...

Los animales
Perro, gato, pez, tortuga...

Unidad 3

Mi mundo

En esta unidad vas a aprender a:

- **Describir** tu barrio, tu casa y tu habitación.
- **Pedir** y **dar** información sobre la localización de objetos o lugares.
- **Organizar** un recorrido en metro por una gran ciudad.

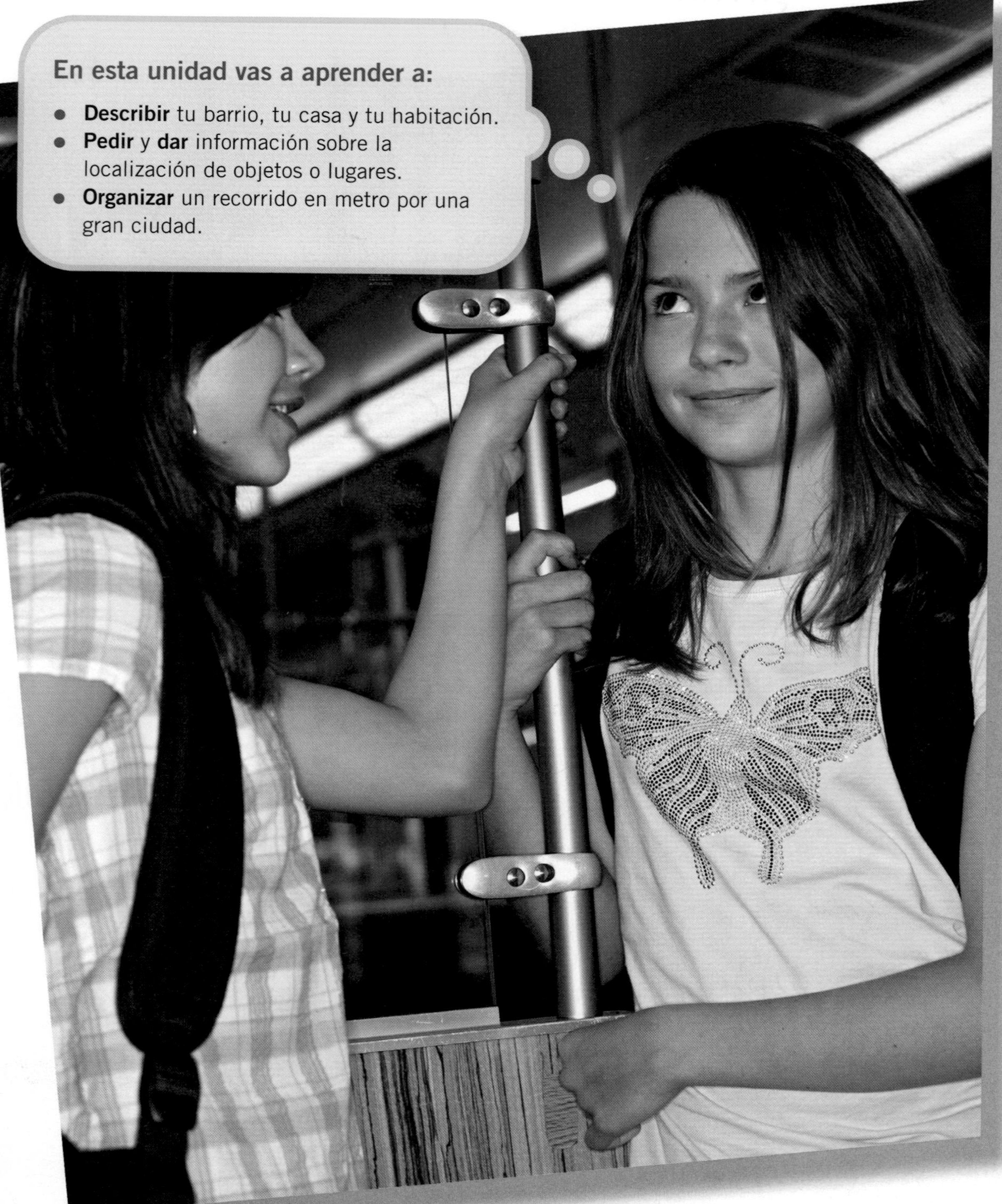

Para empezar

1a **Completa** estos esquemas.

abajo	allí	centro	izquierda	lejos

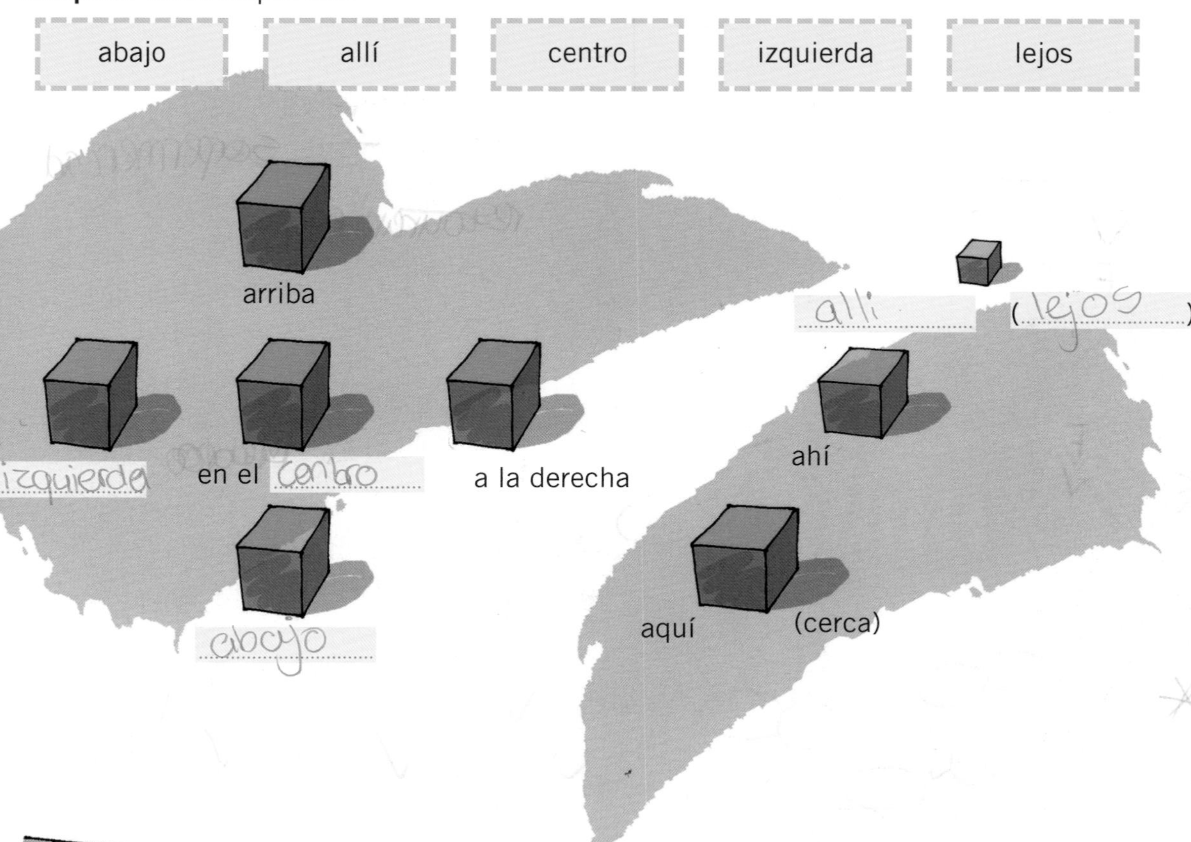

1b **Mira** el dibujo y **completa** estas oraciones.

1. El jersey rojo está arriba, a la izquierda.
2. La camiseta blanca está en el centro.
3. El pantalón azul está ahí, a la derecha.
4. La mochila está a la izquierda los zapatos negros.
5. Los calcetines rojos están abajo, a la derecha.

→ **Gramática**

El artículo: formas contractas

a + el = al
de + el = del

–¿Dónde está el jersey negro?
–Al lado del azul.

Lección 1 Mi barrio

1a **Lee** el texto y **señala** dónde está la casa de Elena.

Yo vivo en la calle Tribulete, n.º 15, en el 2.º izquierda.
En mi calle hay un bar, una oficina de Correos, una tienda de ropa y, en la esquina, un supermercado.
En la plaza hay una biblioteca, dos restaurantes y un hotel. También hay unos columpios para los niños y una fuente.
Mi colegio está muy cerca de casa.
En mi barrio hay un cine, pero no hay polideportivo ni piscina. Tampoco hay hospital, pero hay Metro y autobús para ir a otras zonas de la ciudad. Me gusta mucho mi barrio, porque aquí vive gente de todo el mundo: hay ingleses, franceses, marroquíes, senegaleses, chinos...

1b **Completa** el texto anterior con estas palabras.

supermercado	Tribulete	metro	Correos	restaurantes

1c **Mira** el dibujo de 1a y **contesta** a estas preguntas.

1. ¿Dónde está la oficina de Correos?
2. ¿Dónde están los restaurantes?
3. ¿Dónde está el banco?
4. ¿Dónde está el colegio de Elena?
5. ¿Dónde está la biblioteca de su barrio?

Gramática

Presente de indicativo	Estar
(yo)	estoy
(tú)	estás
(él, ella, usted)	está
(nosotros/as)	estamos
(vosotros/as)	estáis
(ellos/as, ustedes)	están

1d **Piensa** un lugar del dibujo de 1a y **responde** a las preguntas de tu compañero, que tiene que descubrir dónde estás.

–¿Estás en la plaza?
–No, pero estoy cerca.

–¿Estás en la calle Tribulete?
–No, estoy a la derecha de la plaza.

2a **Escucha** a Elena y **escribe** en qué piso viven sus vecinos.

María del Valle

Claire Lapierre

Hans y Karla Weiss

Familia Xiang

Familia Bai

Francisco Blanco

2b **Escucha** otra vez la grabación y **completa** estas oraciones.

1. En el .... izquierda vive María, que es ....
2. En el tercero .... vive Claire, que es ....
3. Los señores Weiss son muy ecologistas. Viven en el .... derecha.
4. En el .... piso viven dos familias ....
5. Paco y su mujer viven en el cuarto ....

3a **Lee** estas direcciones y **escribe** lo que significan las abreviaturas.

Felipe Bermejo López
Avda. de Badajoz 17, 1.° A
28027 Madrid

avenida

Ana M.ª Castro del Valle
c/ Ancha 1, 3.° izqda.
50006 Zaragoza

....

Germán Urzuaga Benito
Pza. del Cubo 3, 5.° dcha.
48003 Bilbao

....

3b **Fíjate** en los ejemplos de 3a y **completa** este esquema sobre las direcciones en España.

Calle + ... + ... + ...
+ código postal + ciudad

piso

puerta

número

4 **Escribe** qué servicios hay y cuáles no hay en el barrio de tu escuela. Después, **coméntalo** con tus compañeros para ver si han escrito lo mismo que tú.

Vocabulario

Los numerales ordinales

primero/a	sexto/a
segundo/a	séptimo/a
tercero/a	octavo/a
cuarto/a	noveno/a
quinto/a	décimo/a

Formas apocopadas:

primero → primer
tercero → tercer
\+ sustantivo masculino singular

–Vivo en el primer piso.

Mi casa

1a **Mira** estos tipos de vivienda y **di** en cuál vives.

una casa o chalé

un chalé adosado

un piso

1b **Lee** estas oraciones y **corrige** las que son falsas.

1. En un chalé vives tú solo con tu familia.
2. En un piso no tienes vecinos.
3. En un chalé adosado tienes vecinos al lado, pero no arriba ni abajo.
4. Un piso normalmente tiene jardín.
5. Un chalé puede estar un poco aislado, porque normalmente no está en el centro de las ciudades.

→ Gramática

Presente de indicativo	Poder
(yo)	puedo
(tú)	puedes
(él, ella, usted)	puede
(nosotros/as)	podem
(vosotros/as)	podéis
(ellos/as, ustedes)	pueden

1c **Habla** con tus compañeros de clase para descubrir cuál es el tipo de vivienda que prefiere la mayoría.

2a **Lee** el mensaje de correo que escribe Antonia a una amiga y **complétalo**.

cocina | salón | estudio | baño | cuarto | terraza

Mensaje

Archivo Edición Ver Insertar Formato Herramientas Tabla Ventana ?

Escriba una pregunta

Enviar | Opciones... | HTML

Para... lindag@mail.com

CC...

Asunto:

Hola, Linda:

¿Qué tal estás? Mariano y yo por fin estamos en la nueva casa. Es muy bonita, estamos muy contentos. Entras y estás en el ...., no hay recibidor. A la izquierda hay dos puertas: una es la puerta de la .... y la otra es la del pasillo. En el pasillo hay cuatro puertas: la primera a la derecha es la de nuestro ...., que da a un baño. La segunda a la derecha es la puerta del ...., donde hay un sofá-cama para los invitados. Tú, por ejemplo. A ver si vienes pronto a visitarnos. Bueno, sigo. A la izquierda están el otro .... y el cuarto de Juan. Tenemos también una .... donde se puede comer en verano. Es un piso muy luminoso y está en el centro de la ciudad. ¡Te esperamos!

Un abrazo,

Antonia

elementos | Esta carpeta está actualizada. | Conectado

2b **Escribe** el nombre del lugar de tu casa que prefieres y **lee** la interpretación.

DIME QUÉ HABITACIÓN TE GUSTA Y TE DIRÉ CÓMO ERES

Si eres abierto y sociable, tu habitación preferida es el salón.

Si eres una persona familiar, la parte que prefieres de tu casa es la cocina.

Si eres independiente o tímido, tu cuarto es la parte preferida de tu casa.

Si eres un poco presumido, te gusta el baño, para ponerte bien guapo.

2c **Comenta** con tu compañero si estás de acuerdo con los resultados de 2b.

–Yo sí estoy de acuerdo.

–Pues yo no. Prefiero mi cuarto, pero no soy tímido.

3a **Habla** con tu compañero para decidir en qué lugar del plano vais a colocar estos objetos.

un teléfono

un ordenador

una librería

una planta

una nevera

un televisor

una silla

una lavadora

un espejo

un armario

una mesa

un sofá

–¿Dónde ponemos el espejo? En el baño, ¿no?

3b  **Comparad** vuestro plano con el de dos compañeros y **comentad** si se parecen.

Comunicación

Expresar preferencias

Preferir + sustantivo/infinitivo

–*Yo prefiero los pisos en el centro de las ciudades.*

–*Pues yo prefiero vivir en el campo.*

Gramática

Presente de indicativo

	Preferir
(yo)	prefiero
(tú)	prefieres
(él, ella, usted)	prefiere
(nosotros/as)	preferimos
(vosotros/as)	preferís
(ellos/as, ustedes)	prefieren

Gramática

Presente de indicativo

	Poner
(yo)	**pongo**
(tú)	pones
(él, ella, usted)	pone
(nosotros/as)	ponemos
(vosotros/as)	ponéis
(ellos/as, ustedes)	ponen

Lección 3 Mi habitación

1a **Subraya** en rojo los muebles y objetos que van con el verbo *hay* y en azul los que van con el verbo *estar*. Después, **completa** el esquema.

Mi cuarto es el sitio que prefiero de toda la casa, es mi refugio, mi mundo. Tengo mucha suerte, porque tengo una habitación para mí solo. El armario está a la derecha. A la izquierda hay una librería y un mueble rojo con cajones. También hay una ventana muy grande. Al lado de la ventana está mi mesa. Entre la mesa y la pared de la derecha está mi cama. En la pared hay un póster de mi grupo preferido. Yo, la verdad, soy un poco desordenado. En el suelo generalmente hay libros, cuadernos, ropa… En cambio, mi bajo eléctrico está siempre en su sitio, entre la cama y el armario.

.... + *un, una, unos, unas* + sustantivo	.... + *el, la, los, las* + sustantivo
.... + Ø + sustantivo	.... + *mi, tu, su…* + sustantivo

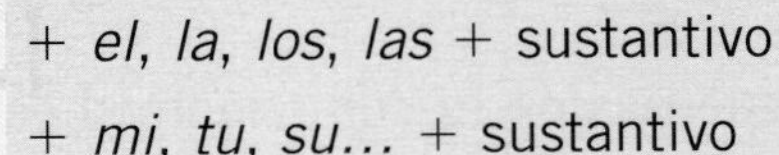

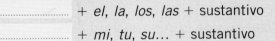

Gramática

Contraste *hay/estar*

Hay expresa la existencia de algo. Se combina con sustantivos sin artículo o con artículo indefinido.
–*En el suelo hay ropa/un libro/muchos libros.*

Estar expresa la situación de algo que ya hemos mencionado. Se combina con sujetos precedidos del artículo definido, de posesivo o con nombres propios.
–*Los/Tus libros están en la mesa.*
–*¿Dónde está Javier?*

1b **Señala** la opción correcta.

1. Buenos días, señora. ¿**Hay/Está** Clara en casa, por favor?
2. En mi cuarto **hay/están** dos camas.
3. A la derecha **hay/está** un bar. Al lado del bar **hay/está** mi casa.
4. En mi barrio no **hay/están** muchos servicios: no **hay/están** polideportivos ni bibliotecas, pero **hay/están** bastantes parques y jardines.
5. ¿Dónde **hay/están** mis gafas, hijo?

1c **Lee** el diálogo y **complétalo**.
Después, **escucha** la conversación y **comprueba** los resultados.

>16

al	tu	unas	en	primer

–¿Tienes .... tijeras?
–Sí, están en mi mesa.
–No, en .... mesa no están.
–Entonces, ahí, en el mueble rojo, en el .... cajón.
–A ver… No. Ah, están aquí, ... el suelo, ... lado de la librería.

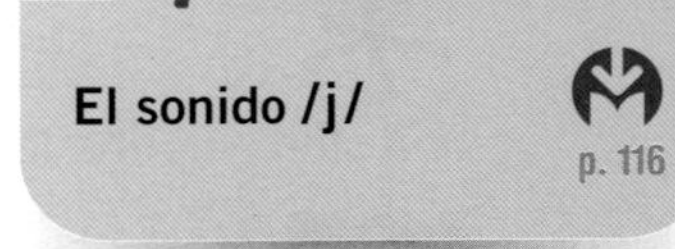

Pronunciación

El sonido /j/

p. 116

1d En pequeños grupos, **comentad** cómo es el cuarto ideal y **escribid** vuestras conclusiones.

2a **Completa** el nombre de estas prendas de vestir con las vocales que faltan.

unos p…nt…l…n…s naranjas

un j…rs…y rojo

un ch…nd…l azul

una f…ld… verde

unos c…lz…nc…ll…s azules

una c…m…s… violeta

una c…m…s…t… negra

un v…st…d… amarillo

unas z…p…t…ll…s blancas

unas b…t…s grises

unos c…lc…t…n…s marrones

unas br…g…s rosas

2b **Escucha** la conversación y **señala** en el dibujo las prendas de vestir que menciona la madre de Ángel.

De turismo por España

1a **Lee** los textos y **relaciónalos** con las fotografías.

A Famosísimo paseo de Barcelona que siempre está lleno de gente, flores, pájaros, actores callejeros, cafeterías, restaurantes y comercios.

B Este parque es el pulmón verde de la ciudad andaluza de Sevilla. Muy cerca se debe visitar la magnífica plaza de España.

C Este lugar es el centro de la ciudad de los peregrinos: Santiago de Compostela. Aquí se puede admirar la maravillosa catedral románica con su fachada barroca.

2

1b **Relaciona** estos pies de foto con las fotografías de 1a.

La plaza del Obradoiro (Santiago de Compostela).

La Rambla (Barcelona).

El parque de María Luisa (Sevilla).

Culturas

2a **Lee** este mensaje de correo y **señala** en el plano del Metro de Madrid el recorrido que tiene que hacer la familia Feitosa para ir del aeropuerto al hotel.

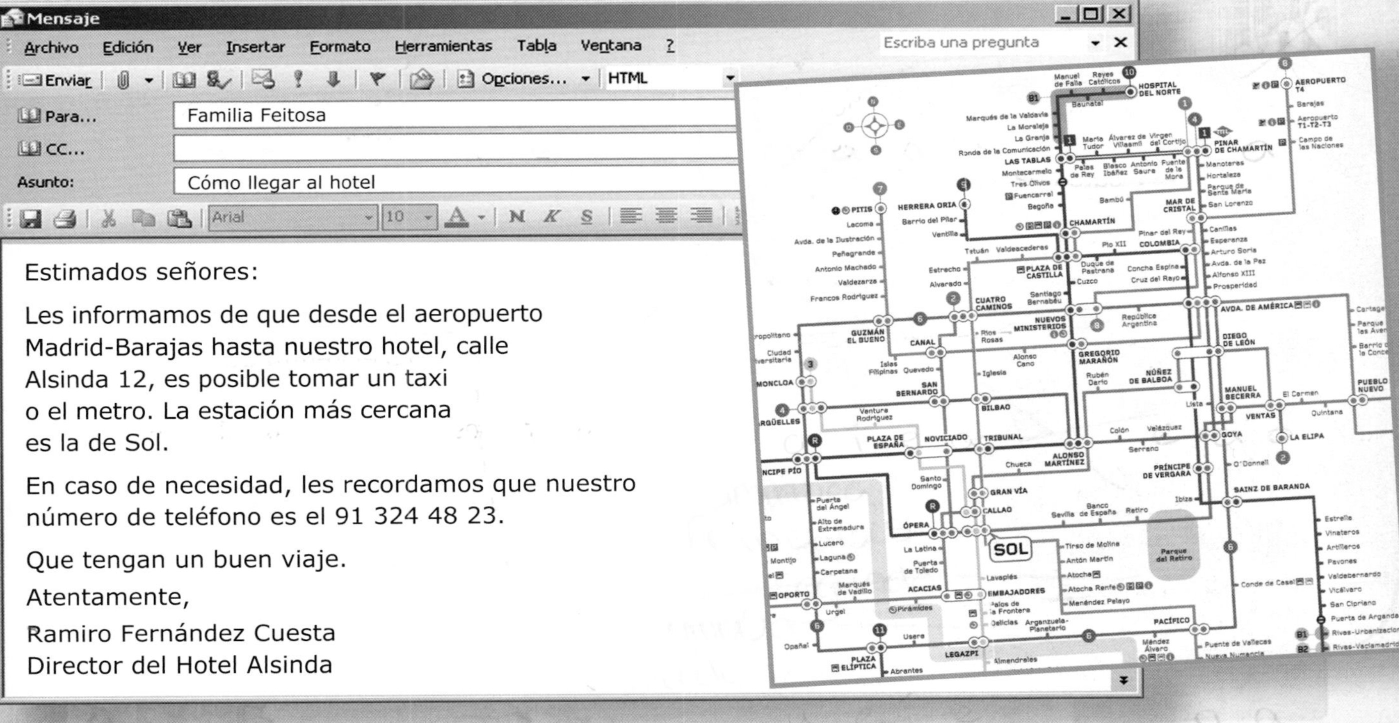

Mensaje

Archivo Edición Ver Insertar Formato Herramientas Tabla Ventana ?

Para... Familia Feitosa

CC...

Asunto: Cómo llegar al hotel

Estimados señores:

Les informamos de que desde el aeropuerto Madrid-Barajas hasta nuestro hotel, calle Alsinda 12, es posible tomar un taxi o el metro. La estación más cercana es la de Sol.

En caso de necesidad, les recordamos que nuestro número de teléfono es el 91 324 48 23.

Que tengan un buen viaje.

Atentamente,

Ramiro Fernández Cuesta
Director del Hotel Alsinda

2b **Completa** el texto que describe el recorrido de 2a.

Primero, del aeropuerto al hotel cogemos la línea 8 hasta .... Luego hacemos transbordo en la línea 10 hasta .... y al final hacemos otro transbordo en la línea 1 hasta la estación de metro de ....

→ Vocabulario

Conectores para ordenar ideas

Primero...
Luego/Después...
Al final...

2c **Imagina** que estás en Madrid y **escribe** el recorrido que tienes que hacer para visitar estos lugares. Después, **compara** lo que has escrito con un compañero para ver si coincidís.

1. Hotel-Estadio de fútbol del Real Madrid (la estación tiene el mismo nombre que el estadio. Si no sabes cómo se llama, pregunta a alguno de tus compañeros o a tu profesor).
2. Estadio de fútbol del Real Madrid-Plaza de toros de Las Ventas (la estación tiene el mismo nombre que la plaza).
3. Plaza de toros de Las Ventas-Museo Reina Sofía (metro Atocha).

RINCÓN DE LA RED

Busca en Internet en qué ciudades españolas están estos lugares y monumentos famosos y **escríbelo** en tu cuaderno. Puedes utilizar el buscador de www.spain.info.

- Acueducto romano
- Parque Güell
- Casa de las Conchas

¿Qué he aprendido en esta unidad?

→ Comunicación

Expresar preferencias
Preferir + sustantivo/infinitivo
–*Yo prefiero los pisos en el centro de las ciudades.*
–*Pues yo prefiero vivir en el campo.*

→ Vocabulario

Servicios y lugares en la ciudad
Banco, restaurante, supermercado...

Los numerales ordinales
Primero/a, segundo/a, tercero/a, cuarto/a, quinto/a, sexto/a, séptimo/a, octavo/a, noveno/a, décimo/a.

Formas apocopadas: primer, tercer.

Direcciones
Avenida, calle, plaza, piso...

Tipos de vivienda
Piso, chalé, chalé adosado.

Partes de la casa
Recibidor, pasillo, cocina, salón...

Objetos de la casa
Sofá, mesa, silla, armario, librería...

Prendas de vestir
Pantalones, falda, camiseta, chándal...

Conectores para ordenar ideas
Primero, luego/después, al final.

→ Pronunciación

El sonido /j/.
p. 116

→ Gramática

Adverbios de lugar
p. 129 Arriba, abajo, cerca, lejos...

El artículo: formas contractas
p. 123 *a + el = al*
de + el = del
–¿Dónde está el jersey negro?
–Al lado del azul.

Presente de indicativo
p. 131 **Estar:** estoy, estás, está, estamos, estáis, están.
Poder: p**ue**do, p**ue**des, p**ue**de, podemos, podéis, p**ue**den.
Preferir: pref**ie**ro, pref**ie**res, pref**ie**re, preferimos, preferís, pref**ie**ren.
Poner: **pongo**, pones, pone, ponemos, ponéis, ponen.

Contraste *hay/estar*
p. 134
Hay expresa la existencia de algo.
Se combina con sustantivos sin artículo o con artículo indefinido.
–En el suelo hay ropa/un libro/muchos libros.

Estar expresa la situación de algo que ya hemos mencionado.
Se combina con sujetos precedidos del artículo definido, de posesivo o con nombres propios.
–Los/Tus libros están en la mesa.
–¿Dónde está Javier?

→ Cultura y sociocultura

Ciudades españolas.
El Metro de Madrid.

Unidad 4

A comer

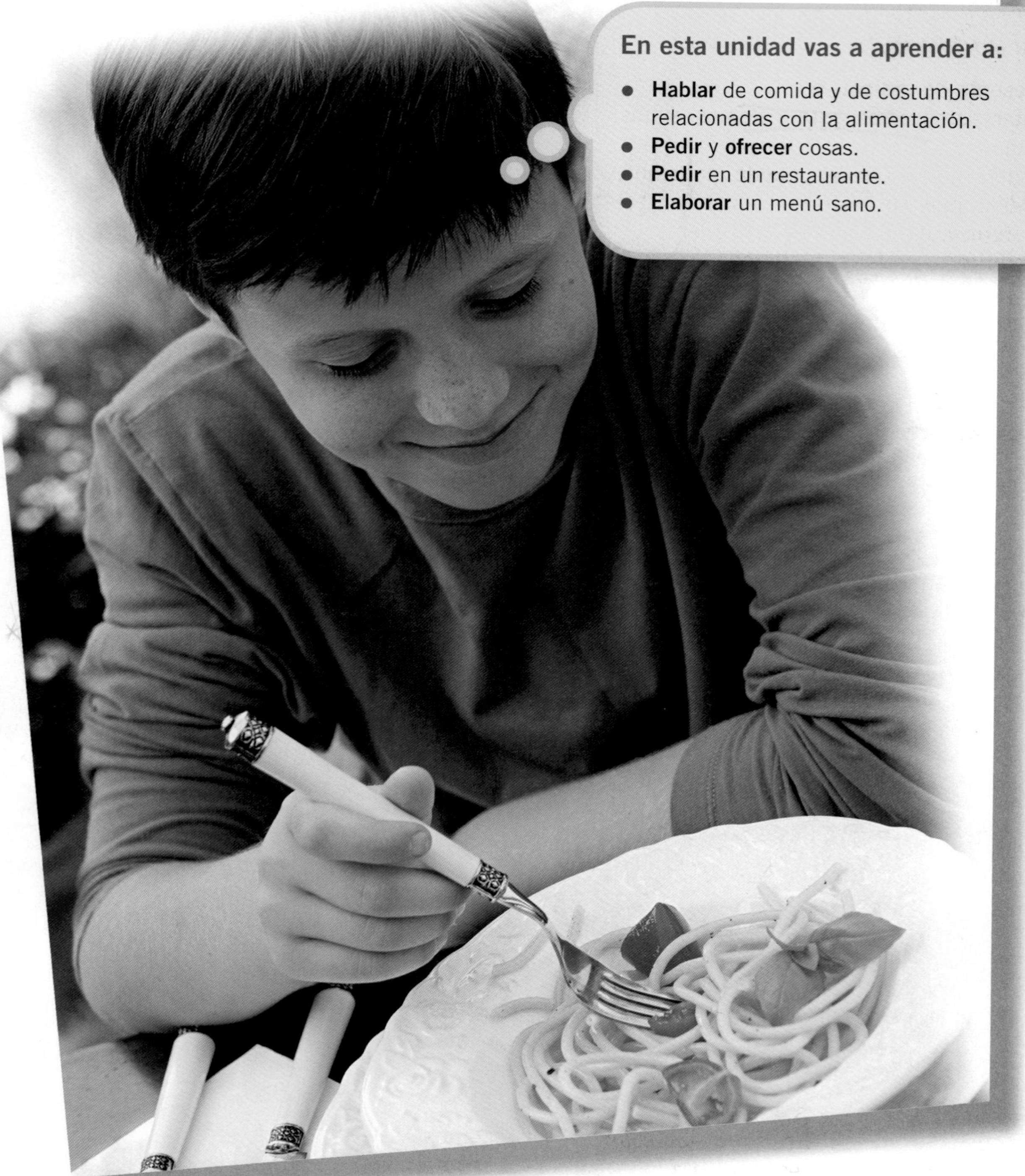

En esta unidad vas a aprender a:

- **Hablar** de comida y de costumbres relacionadas con la alimentación.
- **Pedir** y **ofrecer** cosas.
- **Pedir** en un restaurante.
- **Elaborar** un menú sano.

Para empezar

1 **Ordena** los nombres de las comidas.

(4) La cena (1) El desayuno (3) La merienda (2) La comida

2a **Lee** la lista de la compra y **relaciona** cada alimento con la fotografía correspondiente.

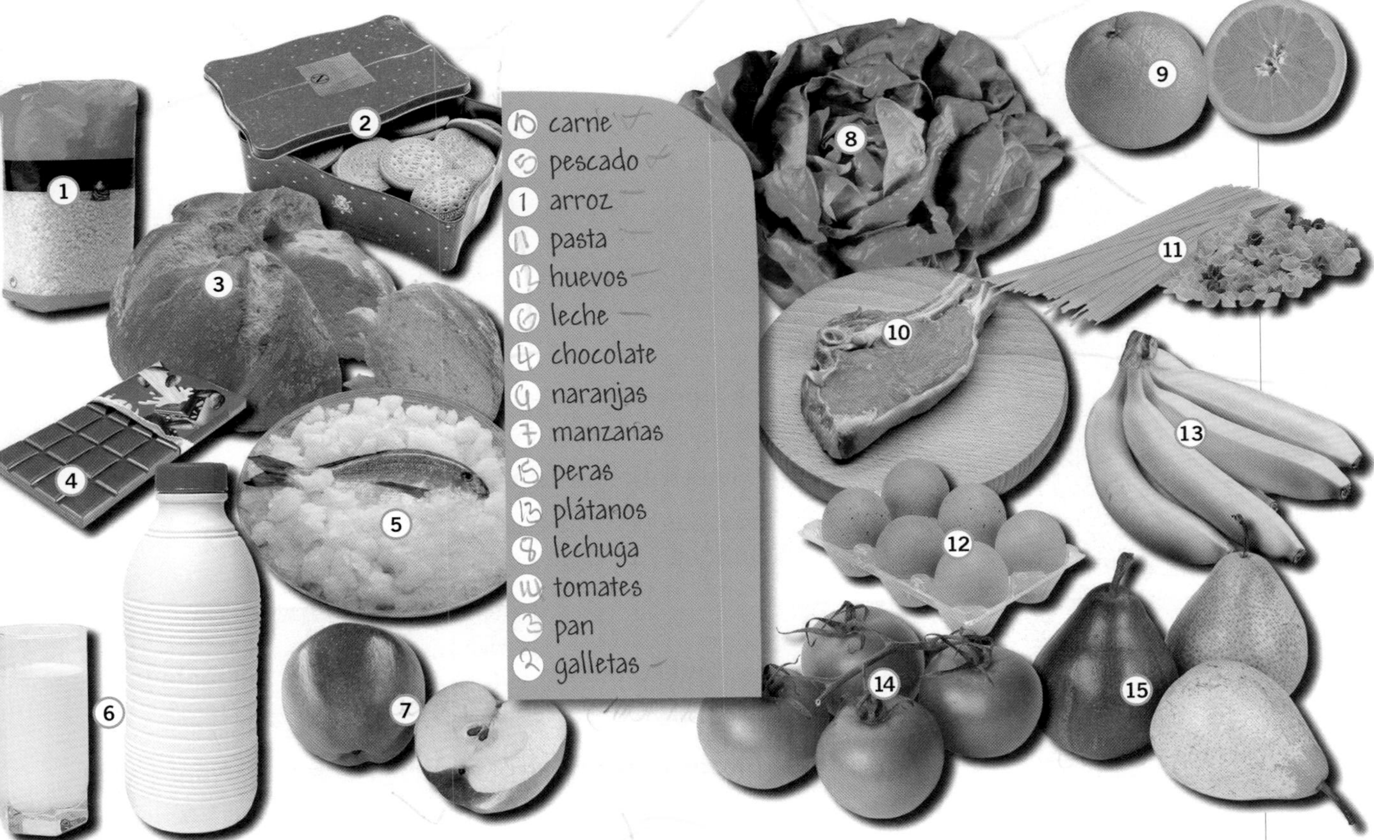

2b **Escribe** las palabras de 2a con el artículo definido correcto *(el, la, los, las)*.

La carne, el pescado, las galletas, los huevos

la leche, el arroz

2c **Escribe** en tu cuaderno las palabras de 2a que tienen género distinto en tu lengua.

2d **Memoriza** las palabras de 2a en un minuto, **cierra** el libro y **escribe** en tu cuaderno todos los nombres de alimentos que recuerdes. Después, **compara** los resultados con tu compañero para ver quién ha escrito correctamente más palabras.

Lección 1 Comer sano

1a **Escribe** el nombre de los alimentos que más te gustan. Si lo necesitas, **consulta** el diccionario.

verdura y fruta

1b **Lee** el texto, **mira** el dibujo y **señala** si estas afirmaciones son verdaderas (V) o falsas (F).

LA PIRÁMIDE DE LOS ALIMENTOS

Comer bien es muy importante para nuestro bienestar. Nuestra alimentación debe ser completa y equilibrada. Es decir, debe contener alimentos de todo tipo y en las cantidades adecuadas. La dieta depende de nuestra edad y del ejercicio físico que hacemos, pero la pirámide de los alimentos nos puede ayudar a saber si nuestra alimentación es adecuada o no.

En la pirámide, los alimentos están divididos en seis grupos. Es muy importante tomar alimentos de todos los grupos. Los que debemos consumir con más frecuencia son los que están en la base de la pirámide y los que menos debemos tomar son los que están arriba. Además es necesario hacer ejercicio y beber agua para estar sanos.

1. pan, pasta, arroz y cereales; **2.** verdura; **3.** fruta; **4.** lácteos; **5.** carne, pescado y huevos; **6.** grasas y dulces.

	V	F
1. Los alimentos de la parte de arriba de la pirámide son los que debemos tomar todos los días.		✓
2. Es necesario tomar alimentos de todos los grupos.	✓	
3. Todas las personas deben tomar la misma cantidad y el mismo tipo de alimentos.		✓

1c **Completa** esta tabla con tus datos, **intercámbiala** con tu compañero y **comentad** si pensáis que coméis bien.

	Todos los días (every day)	Normalmente (normally)	A veces (sometimes)	Nunca (never)
Pasta y arroz			✓	
Verdura		✓		
Fruta	✓			
Lácteos	✓			
Carne y pescado			✓	
Refrescos	✓			
Dulces y grasas	✓			

→ Vocabulario

Expresiones de frecuencia

siempre/todos los días (always)
normalmente
a veces
nunca

–Comes muchos dulces y poca verdura.
–Sí, es verdad. Y tú tomas mucha pasta.

→ Gramática

Indefinidos

mucho/a/os/as
bastante/s
poco/a/os/as
–Como mucha fruta y bastante verdura.

2a **Comenta** con tu compañero cuántas calorías diarias crees que le corresponden a estas personas y **escribidlo**.

2500 | 2900 | 1900 | 2300 | 2000

– de 25 a 50 años, ... calorías diarias los hombres y 2200 las mujeres;
– de 11 a 14 años, 2200 calorías diarias las chicas y .... los chicos;
– los niños de 7 a 10 años, ... calorías diarias;
– a partir de los 50 años, ... calorías diarias las mujeres y .... los hombres.

→ Vocabulario

Los números del 100 al 10 000

100 cien
101 ciento un/uno/una
150 ciento cincuenta
200 doscientos/as
300 trescientos/as
400 cuatrocientos/as
500 quinientos/as
600 seiscientos/as
700 setecientos/as
800 ochocientos/as
900 novecientos/as
1000 mil
1001 mil un/uno/una
2000 dos mil
10 000 diez mil

2b **Escucha** un programa de radio sobre nutrición y **comprueba** los resultados.

>18

2c **Escribe** los números de 2a en letra. Después, **escucha** otra vez el programa de radio y **comprueba** los resultados.

>18

2900: dos mil novecientos
2000: dos mil
2200: dos mil doscientos
1900: mil novecientos
2500: dos mil quinientos
2300: dos mil trescientos

3a **Relaciona** cada descripción con el dibujo correspondiente.

Una taza de leche con cereales, seis galletas y 150 gramos de fruta. n.º 5

Un vaso de leche con cacao, seis galletas y un plátano. n.º 3

Una manzana, pan con tomate, aceite de oliva y jamón, un yogur y un té. n.º 4

Un zumo de naranja, un té con limón y pan tostado con miel. n.º 6

Un café con leche, dos tostadas con mantequilla y mermeladas, y un kiwi. n.º 1

Una taza de leche con cacao, un bollo y un plátano. n.º 2

3b En pequeños grupos, **comentad** lo que desayunáis normalmente. Después, **preguntad** a otros grupos para decidir si en vuestra clase, en general, desayunáis bien.

Lección 2 ¿Quieres un zumo?

1a **Relaciona** cada alimento con la fotografía correspondiente.

- un batido
- un bollo
- un bocadillo
- un zumo
- un vaso de leche
- unas galletas
- un sándwich
- un yogur

1 2 3 4 5 6 7 8

1b Ana ha invitado a merendar a casa a su amiga Clara. **Escucha** su conversación y **señala** lo que toman.

>19

Para comer:
- un bocadillo de jamón
- un bocadillo de queso
- un sándwich de *foie-gras*
- unas galletas
- un bollo

Para beber:
- un batido de chocolate
- un batido de fresa
- un zumo de naranja
- un zumo de piña
- un vaso de leche

→ Pronunciación

Los sonidos /k/ y /g/ 

p. 117

1c **Escucha** otra vez la conversación y **escribe** lo que toma cada una.

>19

Ana toma: un

Clara toma: un vaso de leche y un sándwich de foie-gras

1d **Escucha** otra vez la conversación y **señala** si estas afirmaciones son verdaderas (V) o falsas (F).

>19

	V	F
1. Ana le ofrece a Clara un *donut*.	✓	
2. Clara le pregunta a Ana si tiene pan de molde.	✓	
3. En la nevera de la casa de Ana no hay bebidas.		✓
4. Clara le pregunta a Ana si tiene zumos.		✓
5. A Clara no le gustan las cosas dulces.	✓	

1e En pequeños grupos, **anotad** lo que tomáis para merendar para ver si coincidís.

–¿Tú qué tomas para merendar?
–Leche y un sándwich de queso o de jamón. ¿Y tú?
–Yo normalmente tomo fruta y un yogur.

2a **Relaciona** cada diálogo con el dibujo correspondiente.

–¿Quieres un caramelo?
–No, gracias, los caramelos no me gustan.
–¿Tienes un chicle?
–No, lo siento.
–¿Quieres un batido?
–Sí, gracias.
–¿Me das un vaso de agua, por favor?
–Sí, toma.

2b **Habla** con tus compañeros para ofrecerles o pedirles estas cosas. Ellos **contestarán** diciendo que sí o que no.

- un chicle
- un batido de chocolate
- un zumo de piña
- un bollo
- un caramelo
- un vaso de agua
- un poco de *pizza*
- un bocadillo

–¿Quieres un bollo?
–No, gracias.

–¿Tienes un chicle?
–Sí, toma.

Comunicación

Ofrecer e invitar
–¿Quieres un/una...?

Aceptar una invitación
–Sí, gracias.

Rechazar una invitación
–No, gracias.

Pedir algo
–¿Tienes un/una..., (por favor)?
–¿Me das un/una..., (por favor)?

Responder a una petición
–Sí, toma.
–No, lo siento./Lo siento, no tengo.

Gramática

Presente de indicativo

	Querer
(yo)	quiero
(tú)	quieres
(él, ella, usted)	quiere
(nosotros/as)	queremos
(vosotros/as)	queréis
(ellos/as, ustedes)	quieren

En el restaurante

1a **Completa** el menú de este restaurante con las palabras que faltan.

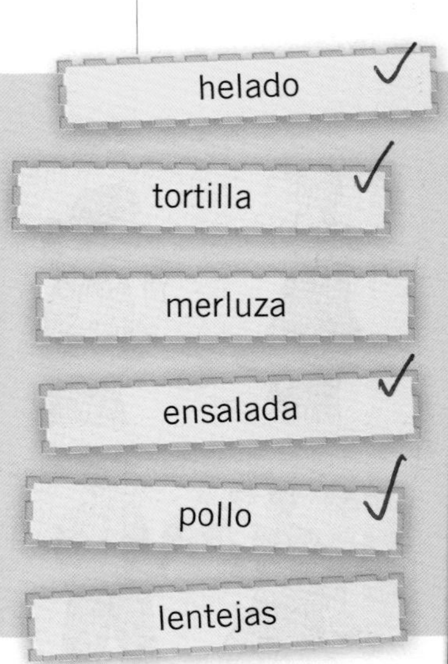

RESTAURANTE «LA ESPAÑOLA»
Primeros platos
Sopa de fideos
ensalada mixta
Paella
merluza
Espaguetis con tomate
Postres
Fruta del tiempo
Flan
Tarta de la casa
helado
(vainilla, chocolate, fresa)
Segundos platos
tortilla de patatas
Bistec con patatas
pollo asado
lentejas a la romana
Salmón a la plancha
C!

1b **Lee** otra vez el menú de 1a y **pregunta** a tu profesor o a tu compañero lo que significan las palabras que no entiendas.

–¿Qué es el bistec?

–Es carne.

→ Vocabulario

Tipos de alimentos

carne
pescado
verdura
fruta
pasta
huevos
arroz
dulces

1c **Completa** estas oraciones con tus gustos.

1. La tortilla no me gusta nada
2. helado me gusta mucho.
3. ensalada mixta me gusta bastante.
4. La verdura me gusta mucho.
5. El pescado me gusta bastante.
6. lentejas a la romana no me gusta.
7. Me gustan pollo asado.
8. No me gustan flan.

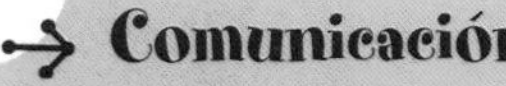

→ Comunicación

Pedir en un restaurante

–(Para mí,) de primero, …
–(Para mí,) de segundo, …
–(Para mí,) de postre, …
–(Me/Nos trae)…, por favor.

1d **Escucha** la conversación y **señala** en el menú de 1a lo que piden para comer Lucas y su padre. Después, **escríbelo**.

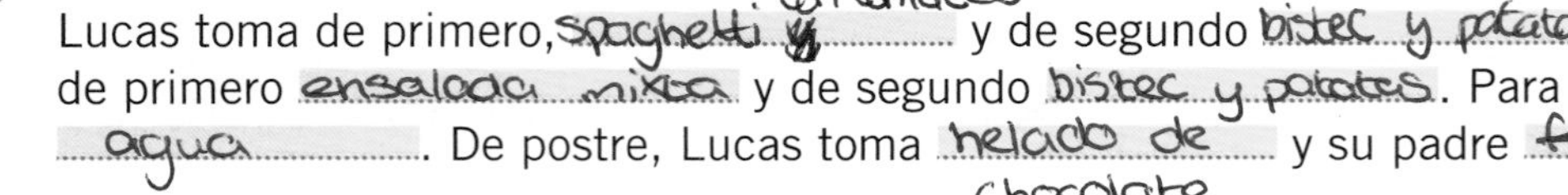

Lucas toma de primero, spaghetti con tomates y de segundo bistec y patatas. Su padre toma de primero ensalada mixta y de segundo bistec y patatas. Para beber, toman agua. De postre, Lucas toma helado de chocolate y su padre ~~frut~~ fruta.

2a **Lee** estos testimonios y **comenta** con tu compañero quiénes crees que comen bien y quiénes mal.

Andrea

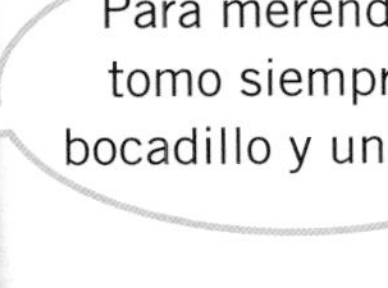

Para merendar yo tomo siempre un bocadillo y un zumo.

En casa, para cenar tomamos de primero ensalada o sopa, y de segundo huevos, carne o pescado.

Javi

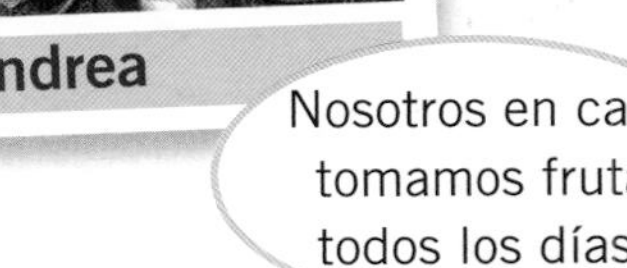

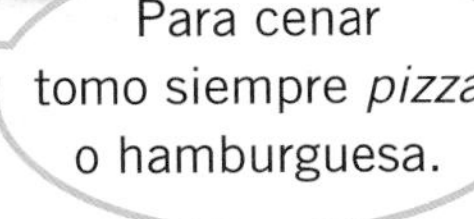

Nosotros en casa tomamos fruta todos los días.

2b **Lee** la opinión de Raúl. Después, en pequeños grupos, **elaborad** un menú variado y completo con alimentos ricos y sanos para demostrar a Raúl que no tiene razón.

No sé por qué las cosas sanas, como la fruta y la verdura, no están ricas y las cosas que están ricas, como las patatas fritas o el chocolate, no son sanas.

UN MENÚ RICO Y SANO PARA UN DÍA

Para desayunar: cereales

Para comer: paella

Para merendar: oreos

Para cenar: entrecotte.

3 **Escucha** esta canción y **complétala** con los nombres de los alimentos que faltan.

¡A COMER!

Mami, ¿qué hay de comer?
ensalada
¡Puaaajjj!
Tomates, patatas, carne y flan.
¡Qué plan!

Papi, ¿qué hay de cenar?
verdura
¡Puaaajjj!
Una *pizza*, un helado
y una lata de atún.
¡Qué menú!

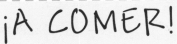

A comer, a comer, es hora de comer.
Tortillas, hamburguesa y batidos de fresa.
A comer, a comer, es hora de comer.
Dame otro plato que yo quiero crecer.

Lección 4 Vamos a comer

1a **Relaciona** cada lugar con la fotografía correspondiente.

1 

2 

- una hamburguesería
- una cafetería
- un restaurante
- un bar

3 

4 

1b **Lee** el texto y **subraya** las oraciones en las que se expresan estas ideas.

1. Un bar no es solo un sitio para consumir alimentos o bebidas, es mucho más.
2. Algunos españoles eligen los bares o restaurantes para festejar su cumpleaños, la Navidad, etc.
3. España es uno de los países europeos que más bares tiene.

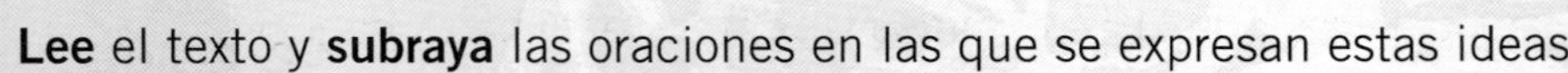

Culturas

LOS BARES Y RESTAURANTES EN ESPAÑA

Según algunas encuestas, en España hay un bar o restaurante por cada 170 clientes, mientras que en Holanda la proporción es de 450 personas por bar. Esto refleja que muchos españoles pasan parte de su tiempo libre en bares, cafeterías o restaurantes.

Algunos desayunan en un bar antes de ir a trabajar o a media mañana. También hay gente que se reúne en estos lugares para comentar las noticias del día o ver partidos de fútbol con los amigos. Otros van a bares y cafeterías para tomar un aperitivo antes de comer o para merendar por la tarde –tradiciones españolas como tomar tapas o chocolate con churros se han hecho famosas en todo el mundo–. También es frecuente organizar comidas de trabajo en restaurantes y muchos españoles celebran fiestas fuera de casa con familiares y amigos.

En definitiva, salir de casa significa en muc casos comer y beber algo con otras perso por eso, estos lugares representan una func social importante: relacionarse con la ge

2a **Relaciona** cada descripción con la fotografía correspondiente.

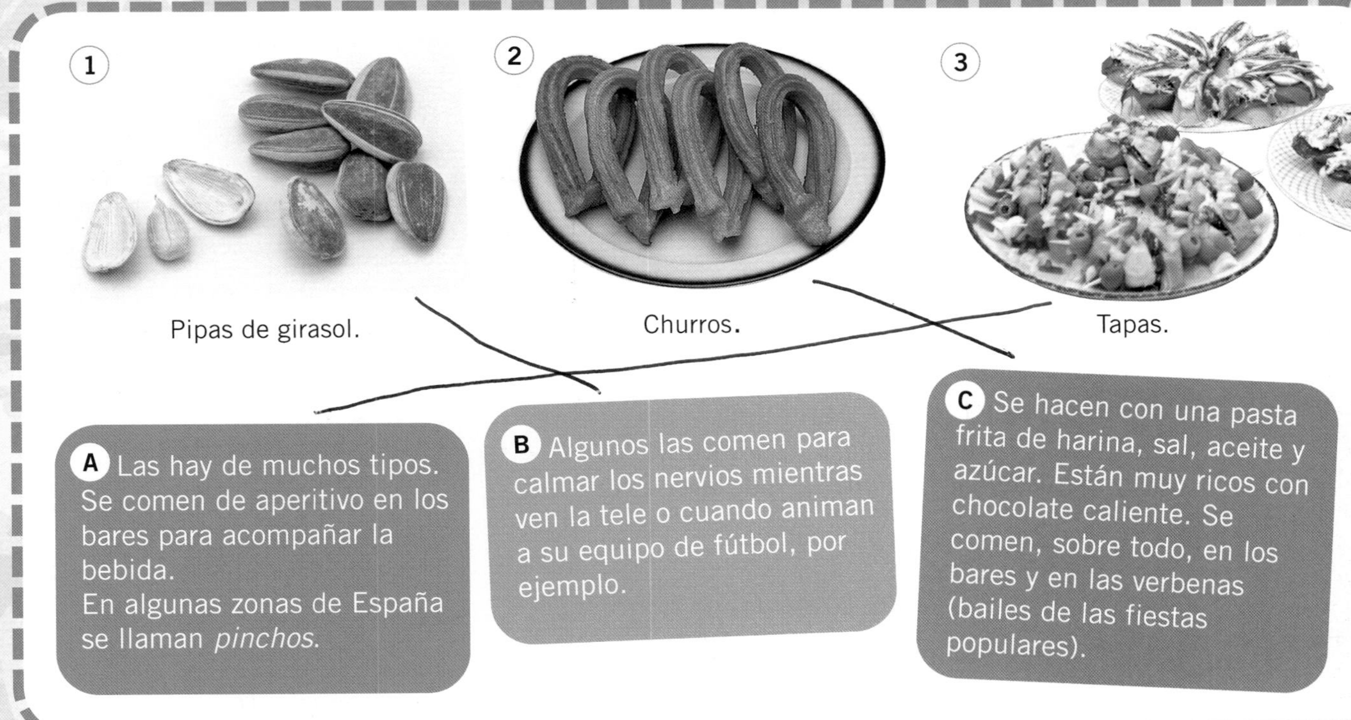

1
2
3
Pipas de girasol.
Churros.
Tapas.
A Las hay de muchos tipos. Se comen de aperitivo en los bares para acompañar la bebida. En algunas zonas de España se llaman *pinchos*.
B Algunos las comen para calmar los nervios mientras ven la tele o cuando animan a su equipo de fútbol, por ejemplo.
C Se hacen con una pasta frita de harina, sal, aceite y azúcar. Están muy ricos con chocolate caliente. Se comen, sobre todo, en los bares y en las verbenas (bailes de las fiestas populares).

2b **Comenta** con tus compañeros qué otras comidas y bebidas españolas conoces.

3 **Elige** tres de estas palabras, **haz** dibujos para ilustrar su significado y **enséñaselos** a tu compañero. Él tiene que **adivinar** las palabras que has elegido.

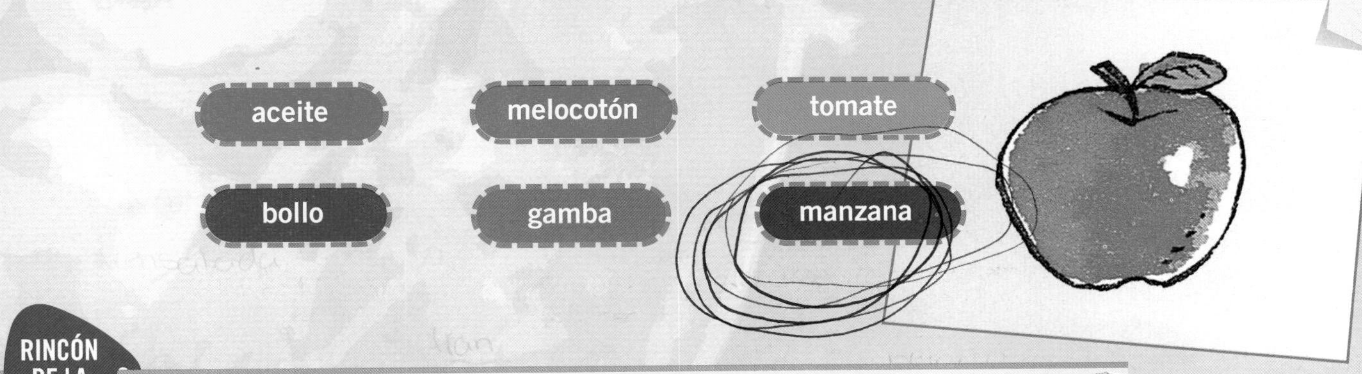

RINCÓN DE LA RED

Lee estas adivinanzas de alimentos y, en pequeños grupos, **pensad** la solución. **Entrad** en www.elhuevodechocolate.com para comprobar los resultados y leer otras adivinanzas.

No soy de plata,
plata no soy;
ya te he dicho
quién soy.

Blanca por dentro,
verde por fuera,
si quieres que te lo diga
espera.

¿Qué he aprendido en esta unidad?

→ Comunicación

Ofrecer e invitar
–¿Quieres un/una...?

Aceptar una invitación
–Sí, gracias.

Rechazar una invitación
–No, gracias.

Pedir algo
–¿Tienes un/una..., (por favor)?
–¿Me das un/una..., (por favor)?

Responder a una petición
–Sí, toma.
–No, lo siento./Lo siento, no tengo.

Pedir en un restaurante
–(Para mí), de primero, ...
–(Para mí), de segundo, ...
–(Para mí), de postre, ...
–(Me/Nos trae)..., por favor.

→ Vocabulario

Las comidas
Desayuno, comida, merienda, cena.

Los alimentos
Naranja, tomate, lechuga, carne, pescado, huevos...

Expresiones de frecuencia
Siempre/Todos los días, normalmente, a veces, nunca.

Los números del 100 al 10 000
Cien, doscientos, trescientos, cuatrocientos...

Platos y comidas
Paella, sopa, bistec...

Tipos de alimentos
Carne, pescado, fruta, verdura...

Lugares donde se come y se bebe
Una hamburguesería, un restaurante, un bar, una cafetería.

→ Gramática

Indefinidos
p. 127
Mucho/a/os/as
Bastante/s
Poco/a/os/as
–Comes mucha fruta y bastante verdura, pero tomas pocos lácteos.

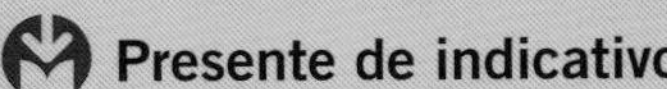

Presente de indicativo
p. 131
Querer: qu**ie**ro, qu**ie**res, qu**ie**re, queremos, queréis, qu**ie**ren.

→ Cultura y sociocultura

Los bares y restaurantes en España.
Alimentos típicos de España.

→ Pronunciación

Los sonidos /k/ y /g/.
p. 117

Unidad 5

Es mi vida

En esta unidad vas a aprender a:

- **Hablar** de tu vida diaria y tus aficiones.
- **Proponer** actividades y **aceptar** o **rechazar** propuestas.
- **Comparar** la vida en ciudades y pueblos.
- **Situar** las comunidades autónomas españolas.

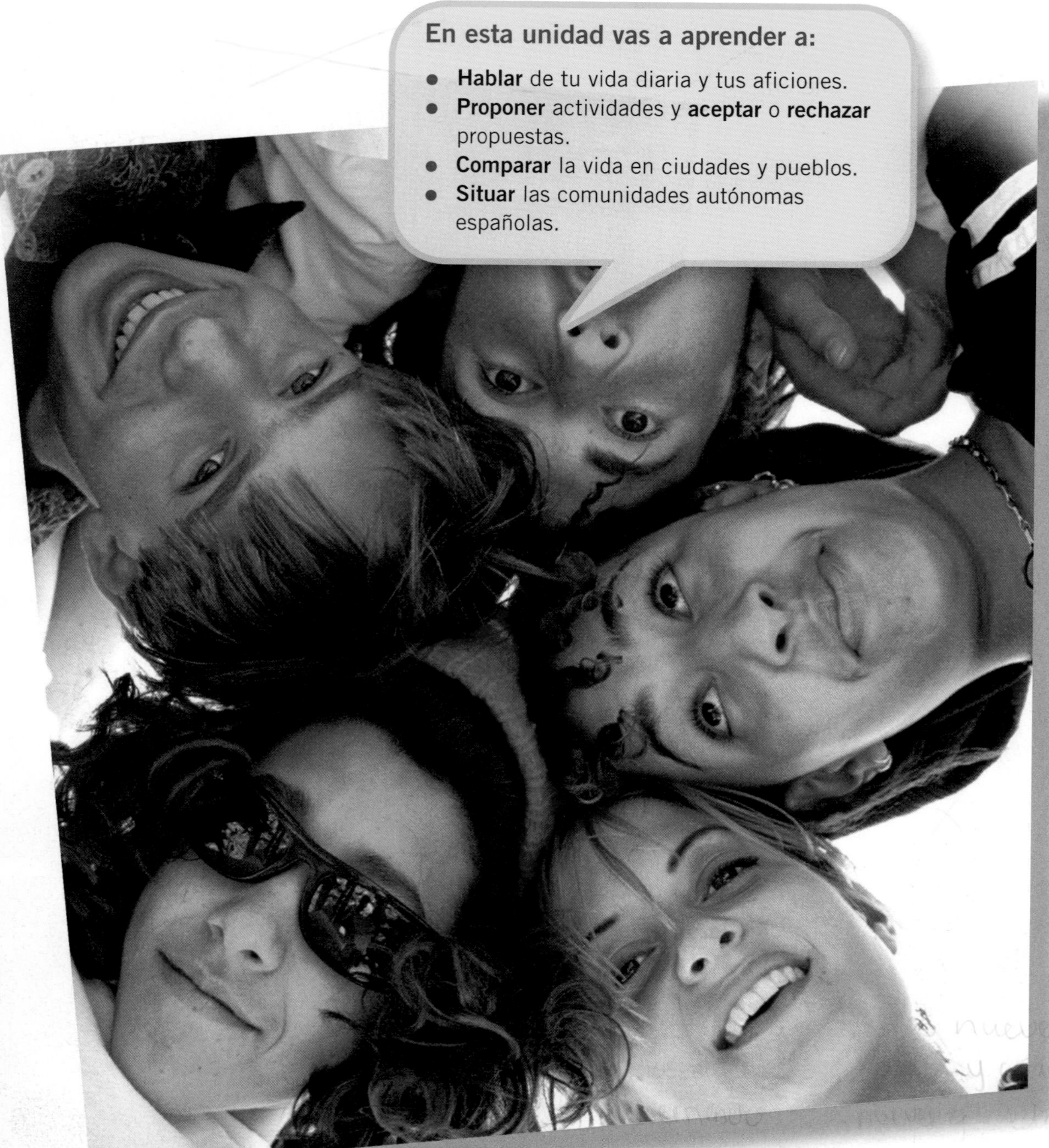

Para empezar

1a **Escribe** qué hora marcan estos relojes.

Marca las ocho de la mañana.

Marca las .... de la mañana.

Marca las cuatro de la noche.

Marca las seis de la tarde.

Marca las .... de la tarde.

Marca las diez y media de la noche.

1b **Relaciona** los elementos de las dos columnas para saber lo que hace Marina cada día.

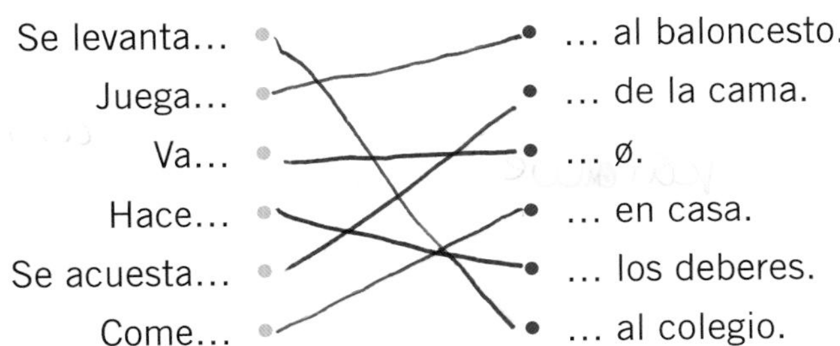

Se levanta...	... al baloncesto.
Juega...	... de la cama.
Va...	... ø.
Hace...	... en casa.
Se acuesta...	... los deberes.
Come...	... al colegio.

1c Con la información de 1a y 1b, **escribe** lo que hace Marina cada día y a qué hora.

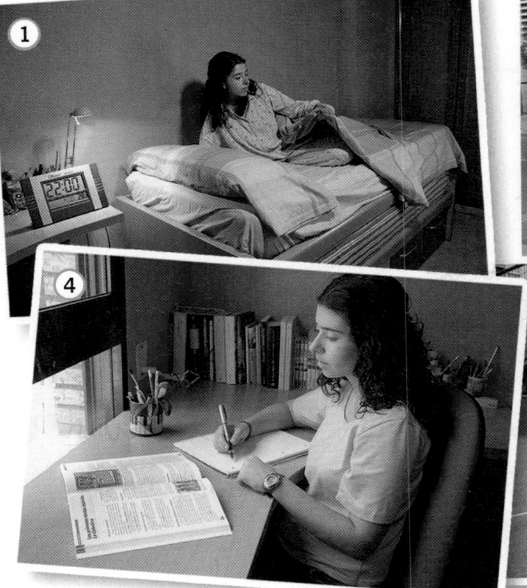

Lección 1 Todos los días

1a Una periodista está en el colegio de Marina para entrevistar a los alumnos sobre su vida diaria. **Lee** lo que le ha dicho Marina y, después, **lee** lo que ha escrito la periodista y **corrige** la información que no es correcta.

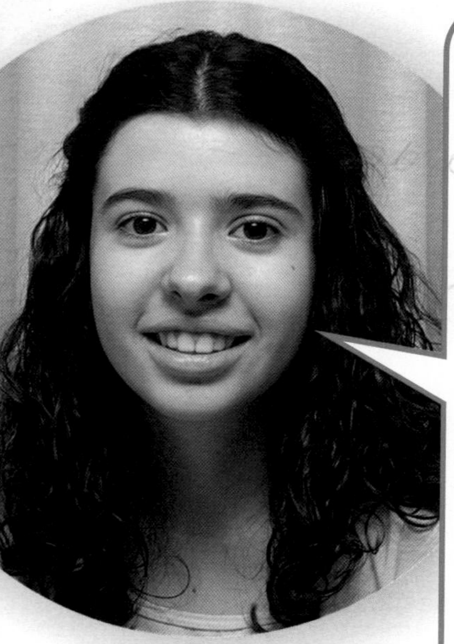

¡Hola! Me llamo Marina López Campillo. Tengo once años y estudio sexto de primaria.

De lunes a viernes me levanto a las ocho, desayuno, me ducho y salgo de casa a las nueve menos cuarto. Los fines de semana me levanto más tarde, a las nueve y media o diez.

Normalmente voy al cole a pie porque está cerca de mi casa. A veces voy en coche con mi padre. Las clases empiezan a las nueve y terminan a las dos de la tarde.

Vuelvo a casa andando o en autobús y como con mis padres y con mi hermana a las dos y cuarto.

Por la tarde meriendo, hago los deberes, veo un poco la tele y después hago deporte o juego con mis amigas.

Por la noche ceno a las nueve y media y me acuesto a las diez y media.

Marina se levanta a las ocho, y los fines de semana a las nueve y diez. De lunes a jueves se levanta, desayuna, se ducha y sale de casa a las ocho menos cuarto. Generalmente, va al colegio en coche con su padre. Va a clase de nueve de la mañana a dos de la tarde. Luego vuelve a casa a pie o en bicicleta y come con su madre y con su hermana a las dos y cuarto. Por la tarde merienda, hace los deberes, ve la tele y hace deporte. Por la noche, cuando puede, sale con sus amigas, cena a las nueve y media y se acuesta a las diez y media.

1b **Completa** este texto sobre tu vida diaria.

MI VIDA HABITUAL

De lunes a viernes me levanto a las ocho. Los fines de semana, más tarde, a las ~~nueve~~ diez. Después desayuno y salgo de casa nueve menos cuarto. Normalmente voy al colegio a pie. Las clases empiezan a las nueve y terminan a las dos. Como a las dos y cuarto. Por la tarde, meriendo. Ceno nueve y medio y normalmente me acuesto diez y media.

→ Gramática

Las preposiciones *a* y *de*

–*Voy al colegio* ***de*** *nueve* ***a*** *dos.*
–*Los lunes me levanto* ***a*** *las ocho.*
–*Salgo* ***de*** *casa* ***a*** *las nueve.*

2a **Relaciona** estas oraciones con la fotografía correspondiente.

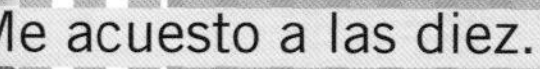

- Como a las dos y media. 2
- Me levanto a las ocho y cuarto. 3
- Los sábados juego al baloncesto con mis amigos. 1
- Me acuesto a las diez. 6
- Voy al colegio a las nueve menos cuarto. 5
- Por la tarde hago los deberes. 4

2b **Fíjate** en los textos de 1a y **escribe** las formas verbales que faltan.

Levantarse: me levanto, te levantas, se levanta.
Ducharse: me ducho, te duchas, se ducha.
Desayunar: desayuno, desayunas, desayuna.
Ir: voy, vas, va.
Empezar: empiezo, empiezas, empieza.
Volver: ~~volvo~~ vuelvo, vuelves, vuelve.
Comer: como, comes, come.

Merendar: meriendo, meriendas, merienda.
Hacer: hago, haces, hace.
Jugar: juego, juegas, juega.
Salir: salgo, sales, sale.
Ver: ~~teg~~ veo, ves, ve.
Cenar: ceno, cenas, cena.
Acostarse: me acuesto, tu acuestas, se acuesta.

Gramática

Adverbios de tiempo
antes/después
pronto/tarde
–Yo me levanto antes.
–Ella come más tarde.

2c **Completa** esta tabla con tu horario y el horario de Marina. Después, en pequeños grupos, **comentad** si se parecen.

	Mi horario	El horario de Marina
levantarse	A las siete	A las ocho.
salir de casa	A las diez menos diez	A las ocho menos cuarto
empezar las clases	A las nueve menos diez	A las nueve
terminar las clases	A las tres	A las dos
comer	A las uno y diez	A las dos y cuarto
cenar	A las siete y media	A las nueve y media
acostarse	A las doce y cuarto	A las diez y media

–Yo me levanto antes, pero me acuesto más tarde.

Lección 2 Mis aficiones

1a **Mira** las fotografías, **ordena** las letras y **escribe** el nombre de estos deportes.

1 boftlú: fútbol

2 ebtaonlcso: baloncesto

3 simnagia: gimnasia

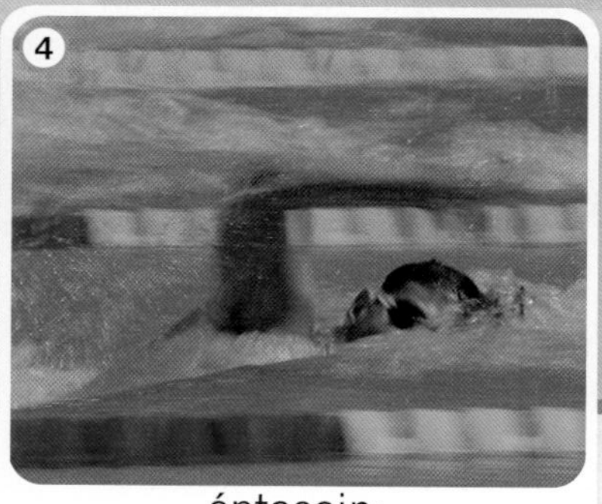

4 óntacain: natación

5 ákrtae: kárate

6 ntise: tenis

1b **Escucha** la grabación y **comprueba** los resultados.

1c **Escucha** otra vez la grabación y **señala** en la tabla con qué verbo se combina cada deporte.

	fútbol	baloncesto	gimnasia	kárate	tenis	natación
jugar al…	X	X			X	
hacer…			X	X		X

1d **Escribe** qué deportes practicas.

Hago natacion, cricket

Juego al tenis, baloncesto, gimnasia

→ Gramática

Presente de indicativo

	Jugar	Hacer
(yo)	**jue**go	**hago**
(tú)	**jue**gas	haces
(él, ella, usted)	**jue**ga	hace
(nosotros/as)	jugamos	hacemos
(vosotros/as)	jugáis	hacéis
(ellos/as, ustedes)	**jue**gan	hacen

2a **Lee** esta lista de aficiones y **subraya** cuáles te gusta hacer en tu tiempo libre.

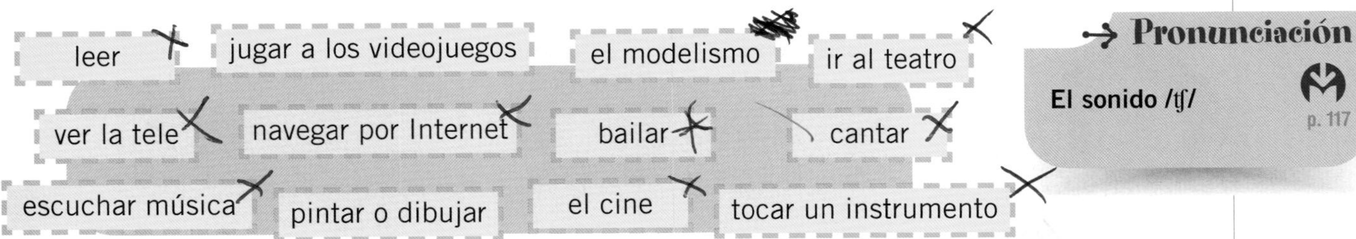

leer
jugar a los videojuegos
el modelismo
ir al teatro
ver la tele
navegar por Internet
bailar
cantar
escuchar música
pintar o dibujar
el cine
tocar un instrumento

→ **Pronunciación**

El sonido /tʃ/

p. 117

2b **Escucha** a estos chicos hablando sobre sus aficiones y **completa** la tabla.

>23

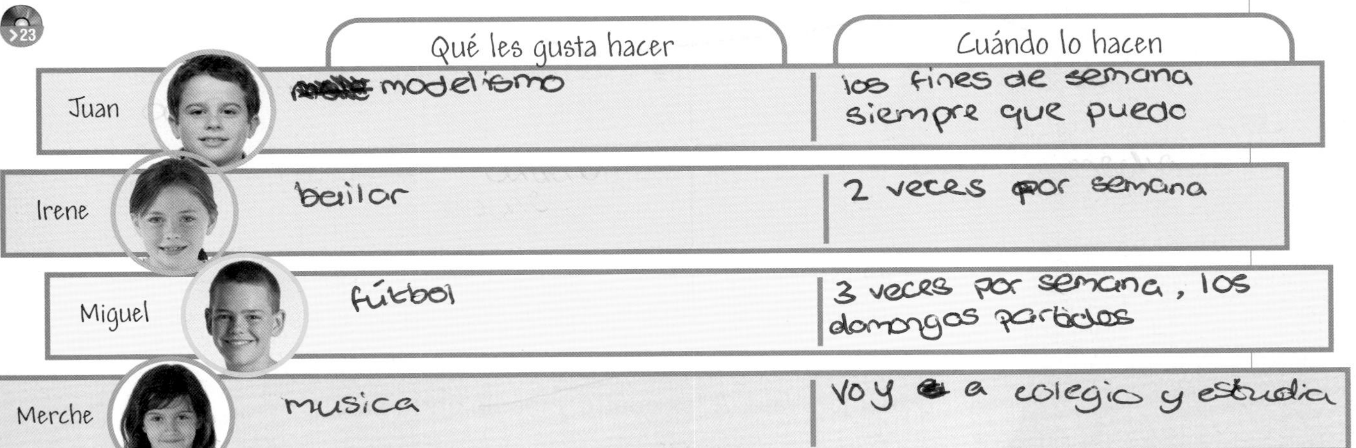

	Qué les gusta hacer	Cuándo lo hacen
Juan	modelismo	los fines de semana siempre que puedo
Irene	bailar	2 veces por semana
Miguel	fútbol	3 veces por semana, los domingos partidos
Merche	musica	voy a colegio y estudia

→ **Comunicación**

Expresar gustos

–Me encantan los videojuegos.
–Me gusta mucho leer.
–Me gusta bastante la música.

2c **Escribe** en tu cuaderno cuáles son tus aficiones y cuándo las practicas.

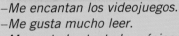

→ **Vocabulario**

Expresiones de frecuencia

siempre
una vez/dos veces... al mes/ a la semana/al día
(casi) todos los días
los fines de semana
a veces
(casi) nunca

2d En pequeños grupos, **hablad** sobre vuestras aficiones y cuándo las practicáis. Después, **comentadlo** con el resto de la clase para saber cuál es la afición preferida del grupo.

Lección 3 ¿Nos vemos esta tarde?

1a **Lee** esta conversación telefónica y **complétala**.

quedamos mañana por la tarde	vamos luego al parque a jugar al fútbol	quedamos después de comer

Madre de Juanjo: ¿Diga?

Pablo: Hola, soy Pablo. ¿Está Juanjo?

Madre de Juanjo: Ah, hola, Pablo. Sí, un momento. Ahora se pone.

(...)

Juanjo: ¿Sí?

Pablo: Hola, soy Pablo. ¿Nos vemos esta tarde?

Juanjo: Ah, hola. Esta tarde no puedo. Es que tengo baloncesto de cinco a seis y media.

Pablo: Puedes venir luego a casa. Tengo un juego nuevo de ordenador genial.

Juanjo: No sé, espera. (...) No, mi madre dice que hoy no puedo.

Pablo: ¿ .... ?

Juanjo: Sí, mañana no tengo nada que hacer, y además es viernes.

Pablo: ¿ .... ?

Juanjo: Vale. A las cuatro y media en tu casa.
Oye, ¿ .... ?

Pablo: Bueno. Hasta mañana.

Juanjo: Hasta mañana.

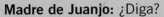

→ Pronunciación

La entonación de las expresiones de propuesta, aceptación y rechazo

p. 118

1b **Escucha** la conversación y **comprueba** los resultados.

→ Comunicación

Proponer algo

¿Vamos a...?
Verbo en presente, en forma interrogativa
Verbo *quedar*

–¿Quedamos mañana?
–Vale.

Aceptar una propuesta

–Sí./Vale./Bueno.

Rechazar una propuesta

–No, lo siento./No, no puedo.

–¿Vamos al cine esta tarde?
–No, no puedo.

1c **Relaciona** cada pregunta con la respuesta correspondiente.

Jorge, ¿nos vemos esta tarde en el parque? •	• ¡Sí, gracias! Me encanta el campo.
Marisa, ¿quedamos el sábado por la tarde para ir al cine? •	• Esta tarde no puedo, tengo clase de inglés.
Antonio, ¿te vienes el domingo de excursión con mis padres? •	• No puedo. ¿Quedamos el domingo?

2a **Mira** la agenda de Sara, **lee** las cosas que le proponen sus amigas y **señala** cuáles puede hacer. Después, **escríbelas** en su agenda.

- ◯ Sonia le propone ir al cine el miércoles por la tarde a la sesión de las cuatro y media.
- ◯ Julia le propone ir juntas a comprar un regalo para Clara el jueves por la tarde.
- ◯ Andrea le propone ir a jugar a su casa el viernes por la tarde a las cinco.
- ◯ Amira le propone pasar el domingo con su familia fuera de la ciudad.

4 Lunes	5 Martes	6 Miércoles	7 Jueves	8 Viernes	9 Sábado
	estudiar Matemáticas	¡Examen de Matemáticas!		16:00 dentista	17:00 fiesta de Clara
17:00-18:30 clase de ballet		17:00-18:30 clase de ballet			10 Domingo
					Comer en casa de los abuelos

JUNIO

2b **Lee** el diálogo modelo y **consulta** tu agenda. Después, en pequeños grupos, **hablad** para descubrir si podéis hacer una de estas cosas todos juntos esta semana.

hacer los deberes | ir al cine | ir a montar en bici al parque

–¿Nos vemos el viernes por la tarde para ir al parque?
–Vale.
–Yo no puedo, tengo fútbol. ¿Quedamos el sábado por la tarde?
–Yo no puedo.
–Yo tampoco.
–¿Y el domingo por la mañana?
–Sí, el domingo por la mañana sí puedo.
–Yo también.
–Vale, entonces vamos el domingo por la mañana.

Comunicación

Expresar acuerdo	Expresar desacuerdo
–Yo tengo planes. *–Yo **también**.*	*–Yo tengo planes.* *–Yo **no**.*
–Yo no puedo. *–Yo **tampoco**.*	*–Yo no puedo.* *–Yo **sí**.*

Pueblos y ciudades

1 **Mira** este mapa, **lee** las pistas y **completa** la lista de las comunidades y ciudades autónomas españolas.

Andalucía está en el sur. La forman ocho provincias.

Galicia está en el noroeste.

Cataluña es una comunidad autónoma que está en el noreste, en la costa mediterránea.

Castilla-La Mancha está al sur de Castilla y León. Está formada por cinco provincias.

La **Comunidad Foral de Navarra** está al norte, cerca de Francia, pero no tiene costa.

→ Vocabulario

Expresiones para situar un lugar

Estar en el norte/sur/este/oeste/noreste/suroeste...
Estar al norte/sur/este/oeste/noroeste de...
Estar en la costa/en el interior.
Estar cerca/lejos (de...).

1. ....
2. Principado de Asturias
3. Cantabria
4. País Vasco
5. Navarra
6. La Rioja
7. Aragón
8. ....
9. Castilla y León
10. Comunidad de Madrid
11. ....
12. Comunidad Valenciana
13. Extremadura
14. ....
15. Región de Murcia
16. Islas Baleares
17. Canarias
18. Ceuta
19. Melilla

Culturas

2a **Mira** estas fotografías y el mapa de la actividad 1 y **escribe** en qué comunidad autónoma está cada lugar.

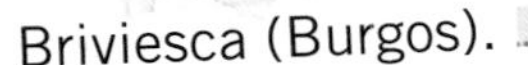

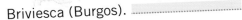

Briviesca (Burgos). ....

Valencia. ....

2b **Señala** en la tabla con qué lugar de 2a relacionas cada oración.

	Briviesca	Valencia
Es un sitio pequeño.		
Es una gran ciudad.		
La vida es muy tranquila.		
Hay contaminación.		
Hay muchos coches.		
No hay muchos lugares para divertirse.		

2c **Escucha** a Raquel y a Alicia y **escribe** en cuál de los lugares de 2a vive cada una.

>25

2d **Completa** estas oraciones sobre el lugar donde vives. Después, **compara** lo que has escrito con otros compañeros para ver si coincidís.

En mi localidad, puedo ....

Lo que más me gusta de mi localidad es ....

Lo que menos me gusta de mi localidad es ....

Vivir en mi localidad es ....

RINCÓN DE LA RED

Busca en la sección «¿Dónde quiere ir? (Comunidades Autónomas)» de www.spain.info dónde están estas ciudades y pueblos españoles y algo de información sobre ellos. Después, **escribe** en tu cuaderno cuál te gustaría visitar.

- Trujillo
- Jerez de la Frontera
- Alcalá de Henares
- Santillana del Mar
- Nerja
- Cadaqués

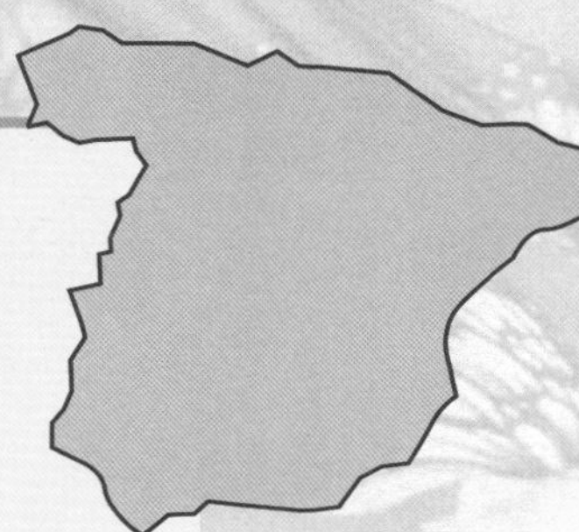

¿Qué he aprendido en esta unidad?

→ Comunicación

Expresar gustos
–Me encantan los videojuegos.

Proponer algo
¿Vamos a...?
Verbo en presente, en forma interrogativa
Verbo *quedar*
–¿Vamos al cine esta tarde?
–¿Quedamos mañana?

Aceptar una propuesta
–Sí./Vale./Bueno.

Rechazar una propuesta
–No, lo siento./No, no puedo.

Expresar acuerdo y desacuerdo
–Yo tengo planes.
–Yo ***también****./Yo* ***no****.*
–Yo no puedo.
–Yo ***tampoco****./Yo* ***sí****.*

→ Vocabulario

Acciones habituales
Levantarse, desayunar, acostarse...

Deportes
Jugar al fútbol/baloncesto/tenis...

Actividades de ocio y tiempo libre
Escuchar música, bailar...

Expresiones de frecuencia
Siempre, una vez/dos veces... al mes...

Expresiones para situar un lugar
Estar al norte/sur/este/oeste/noreste...

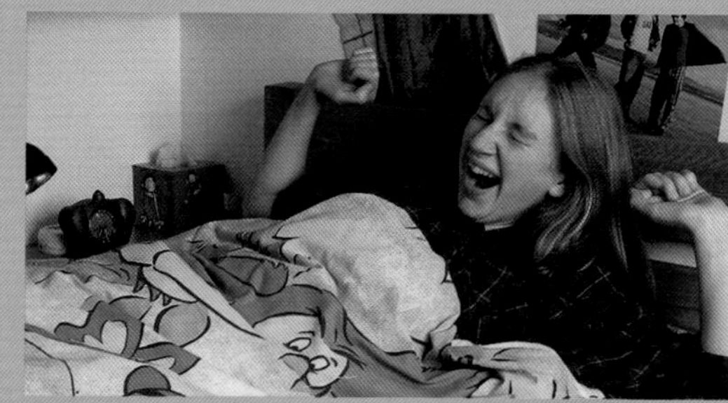

→ Pronunciación

p. 117

El sonido /tʃ/.
La entonación de las expresiones de propuesta, aceptación y rechazo.

→ Gramática

Las preposiciones *a* y *de*
p. 128
–*Voy al colegio* ***de*** *nueve* ***a*** *dos.*
–*Los lunes me levanto* ***a*** *las ocho.*
–*Salgo* ***de*** *casa* ***a*** *las nueve.*

Presente de indicativo: verbos irregulares
p. 131
Empezar: emp**ie**zo, emp**ie**zas, emp**ie**za, empezamos, empezáis, emp**ie**zan.
Merendar: mer**ie**ndo, mer**ie**ndas, mer**ie**nda, merendamos, merendáis, mer**ie**ndan.
Volver: v**ue**lvo, v**ue**lves, v**ue**lve, volvemos, volvéis, v**ue**lven.
Jugar: j**ue**go, j**ue**gas, j**ue**ga, jugamos, jugáis, j**ue**gan.
Hacer: **hago**, haces, hace, hacemos, hacéis, hacen.
Salir: **salgo**, sales, sale, salimos, salís, salen.
Ver: veo, ves, ve, vemos, veis, ven.
Ir: voy, vas, va, vamos, vais, van.

Presente de indicativo: verbos pronominales y reflexivos
p. 132
Levantarse: me levanto, te levantas, se levanta, nos levantamos, os levantáis, se levantan.
Ducharse: me ducho, te duchas, se ducha, nos duchamos, os ducháis, se duchan.
Acostarse: me acuesto, te acuestas, se acuesta, nos acostamos, os acostáis, se acuestan.

Adverbios de tiempo
p. 129
Antes, después, pronto, tarde.

Adverbios de afirmación y negación
p. 129
Sí, no, también, tampoco.

→ Cultura y sociocultura

Comunidades autónomas españolas.
La vida en ciudades y pueblos.

Unidad 6

De compras

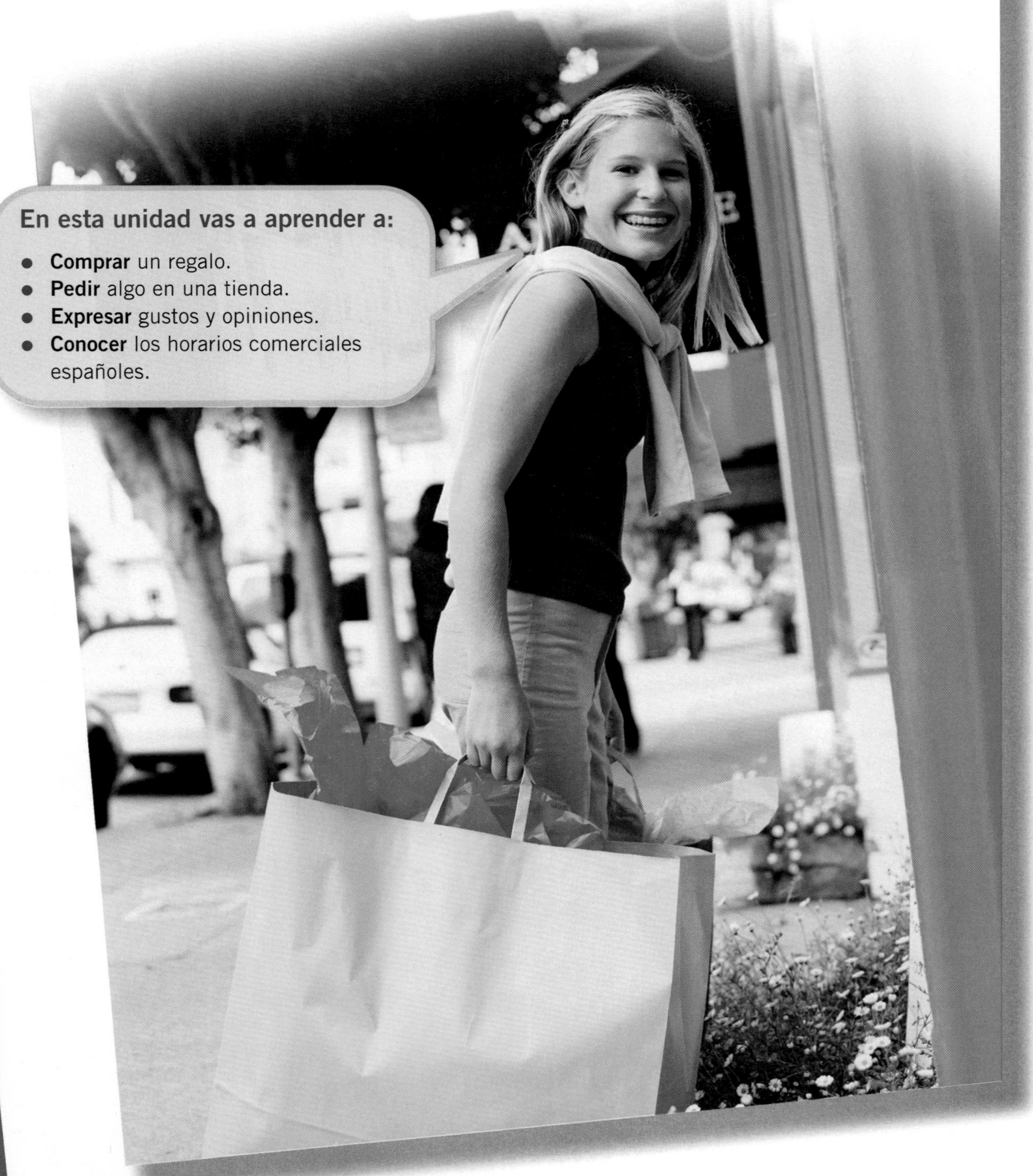

En esta unidad vas a aprender a:

- **Comprar** un regalo.
- **Pedir** algo en una tienda.
- **Expresar** gustos y opiniones.
- **Conocer** los horarios comerciales españoles.

Para empezar

1a **Relaciona** cada objeto con la fotografía correspondiente.

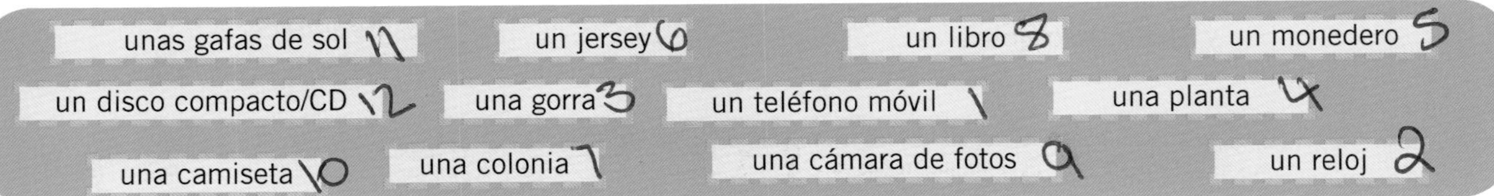

unas gafas de sol
un jersey
un libro
un monedero
un disco compacto/CD
una gorra
un teléfono móvil
una planta
una camiseta
una colonia
una cámara de fotos
un reloj

1b **Memoriza** las palabras de 1a en dos minutos.
Puedes leerlas, escribirlas, mirar las fotos...

1c **Cierra** el libro y **escribe** en tu cuaderno todas las palabras de 1a que recuerdes. Después, en pequeños grupos, **comparad** los resultados para comprobar quién ha escrito más palabras correctamente.

Los sonidos /r/ y /rr/

Lección 1 Un regalo para...

1a **Mira** esta página web y **señala** para qué es.

- ◯ Es para comprar regalos a través de Internet.
- ◯ Es para dar ideas de posibles regalos.
- ◯ Es para publicar anuncios de compra y venta de objetos.

→ Gramática

Oraciones finales: *para* + infinitivo

–¿Para qué es esta página?
–(Es) Para comprar a través de Internet.

www.queleregalo.es
www.queleregalo.es
Google
www.queleregalo.es
Para él
Para ella
Para jóvenes y niños
Originales
Divertidos
Diario
Mis amigas me han regalado un diario y me gusta mucho. Escribo en él todos los días. Puedes anotar todas las cosas importantes que te pasan, los mejores recuerdos... y tus secretos, porque muchos diarios tienen una llave para cerrarlos.
Luisa, 13 años.
Si te gusta ser original, puedes regalar una mochila personalizada. Puedes ponerle el nombre, un símbolo o un dibujo para hacerla diferente. Por ejemplo, tu signo del horóscopo o el nombre de tu grupo favorito.
Sonia, 11 años.
SONIA
Yo creo que unas gafas de sol son un buen regalo. Hay muchos colores, hay gafas modernas y clásicas... Es un regalo muy útil. Y a todo el mundo le gustan.
Germán, 13 años.
Un monopatín es un buen regalo. Es divertido, original y barato. Mis amigos y yo tenemos monopatines y todas las tardes los llevamos al parque.
Gabriel, 12 años.
Terminado

1b De dos en dos, **elegid** una categoría de la página web (para él, para ella...) y **escribid** una lista de cinco regalos. Después, **haced** dibujos y **escribid** textos para explicar vuestras propuestas.

1c **Intercambiad** vuestras propuestas con otros compañeros, **leed** lo que han escrito y **comentad** si os parecen buenas ideas.

2a Sara y Margarita quieren comprar un regalo de cumpleaños a su amigo Ignacio. **Lee** su conversación y **ordena** las intervenciones.

- ◯ **Sara:** Buena idea. ¿Sabes qué música le gusta?
- ◯ **Margarita:** Esta tarde no puedo, vienen mis abuelos a casa. ¿Quedamos mañana?
- ◯ **Sara:** Sí, tienes razón, porque es bastante presumido. Podemos regalarle una camiseta.
- ◯ **Margarita:** Con treinta euros podemos comprarle muchas cosas. Un libro o un disco, por ejemplo.
- ◯ **Sara:** Vale, una camiseta y una gorra. ¿Vamos a comprar el regalo esta tarde?
- ◯ **Margarita:** No, no lo sé. También podemos comprarle ropa. Le gusta mucho.
- ① **Sara:** El sábado es el cumpleaños de Ignacio. ¿Qué le compramos?
- ② **Margarita:** Depende. ¿Cuánto dinero tenemos?
- ◯ **Sara:** De acuerdo. Mañana después de clase vamos al centro comercial. Seguro que allí encontramos algo.
- ◯ **Margarita:** Yo creo que con treinta euros podemos comprar algo más, como una gorra o un cinturón.
- ◯ **Sara:** Treinta euros.

2b **Escucha** la conversación y **comprueba** los resultados. Después, **léela** otra vez y **señala** la opción correcta.

>26

1. ¿Por qué no le regalan un disco a Ignacio?
   a. Porque es muy caro.
   b. Porque no saben qué música le gusta.
2. ¿Por qué deciden comprarle ropa?
   a. Porque a Ignacio le gusta mucho.
   b. Porque no es muy cara.

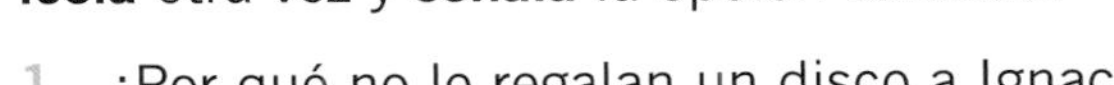

Gramática

Oraciones causales: *porque*

–¿Por qué le compras ropa?
–Porque le gusta mucho.

2c  De dos en dos, **elegid** a tres compañeros, **comentad** lo que sabéis sobre sus gustos y **pensad** en un buen regalo para cada uno. Después, **escribidlo**.

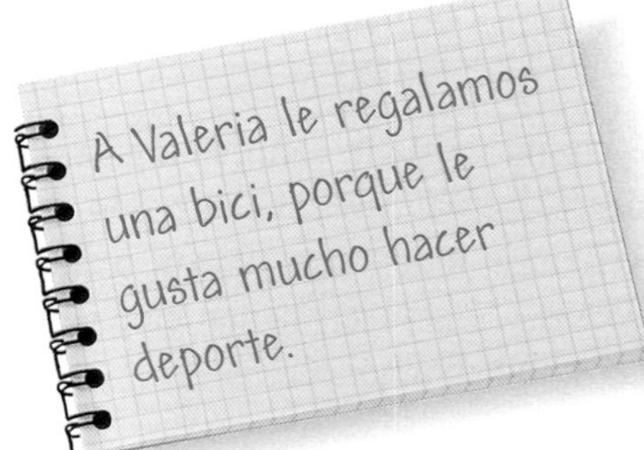

A Valeria le regalamos una bici, porque le gusta mucho hacer deporte.

Comunicación

Justificar una opinión

–Yo creo que a Ana le podemos regalar un disco de salsa, porque le gusta mucho bailar.

2d   **Leed** en voz alta lo que habéis escrito y **comentad** con vuestros compañeros si habéis acertado con vuestros regalos.

Lección 2 Grandes almacenes

1a **Relaciona** cada palabra con la fotografía correspondiente.

centro comercial | grandes almacenes | tienda

1b **Lee** los testimonios de estas personas y **complétalos** con las palabras de 1a.

Normalmente compro en ______ porque es cómodo: tienen aparcamiento para el coche, abren a mediodía y si quieres, te llevan la compra a casa.

Marisa, 45 años.

Yo compro en ______ porque hay muchas en el barrio. Además, los dependientes me conocen. Y como no hay mucha gente, compro más rápido.

Jaime, 60 años.

A mí me gusta ir con mis amigas a un ______ que está cerca de casa, porque tienen de todo: ropa, discos, pendientes, bolsos... Y también tienen cine y restaurantes para comer algo.

Eva, 15 años.

1c **Comenta** con tus compañeros adónde prefieres ir a comprar y adónde va normalmente tu familia para ver si coincidís.

2a **Mira** el dibujo y **complétalo** con el nombre de estas secciones.

SUPERMERCADO | INFORMÁTICA | JUGUETES | ZAPATERÍA | DEPORTES

2b **Escribe** en tu cuaderno en qué planta y en qué sección del dibujo de 2a puedes comprar estas cosas.

un videojuego | un CD | una entrada para un concierto | un ordenador | un balón de fútbol | una barra de pan | una camiseta para ti | unas botas | un monedero

Lección 3 Sección juvenil

1a Sara y Margarita van a comprar el regalo para su amigo Ignacio. **Lee** el diálogo y **complétalo** con las oraciones del cuadro.

Margarita: Perdone, ¿las camisetas para chico?
Dependiente: Ahí, a la derecha.
Margarita: ¿.., Sara?
Sara: No me gusta.
.... ¿Y a ti?
Margarita: No sé… Es muy clásica, ¿no?
¿..?
Sara: Es bonita. ¿Cuánto cuesta?
Margarita: Veintisiete con cincuenta.
Sara: ¡Está muy bien! ¿Nos la llevamos?
Margarita: Sí.
(…)
Dependiente: Son veintisiete con cincuenta.
Sara: Aquí tiene. Gracias.

A mí me gusta esa azul
Y aquella verde
Qué te parece esta roja

→ Gramática

Adjetivos y pronombres demostrativos

	Masculino		Femenino	
	Singular	**Plural**	**Singular**	**Plural**
Cerca (aquí)	este	estos	esta	estas
Distancia media (ahí)	ese	esos	esa	esas
Lejos (allí)	aquel	aquellos	aquella	aquellas

1b **Escucha** la conversación y **comprueba** los resultados.

1c **Completa** los bocadillos con el demostrativo correcto.

¿Puedo ver .... camisa azul?
¿Esta?

¿Es .... tu lápiz?
Sí, gracias.

¿Quién es .... chico rubio?
No sé. Es muy guapo, ¿eh?

1d **Relaciona** cada situación con la oración correspondiente.

Cuando no sé dónde está lo que necesito. •	• Perdone, ¿los CD?
Cuando pido algo. •	• ¿Cuánto cuesta esta camiseta?
Cuando pregunto el precio. •	• ¿Tienen zapatillas de deporte?

2a **Escribe** tu valoración de estos objetos. Después, **compara** lo que has escrito con tu compañero para ver si coincidís.

muy feo | bastante feo | un poco feo | bonito | bastante bonito | muy bonito

→ Comunicación

Valorar un objeto

–Estas gafas son un poco feas, ¿no?

Expresar acuerdo y desacuerdo

–Pues yo creo que no. A mí me gustan.

–Y a mí también.

2b **Escucha** a varias personas que están comprando en un centro comercial y **completa** la tabla.

>28

	¿Qué quiere comprar?	¿Cuánto cuesta?	¿Lo compra?	¿Por qué?
1.				
2.				
3.				

2c El juego de las cadenas de opiniones: uno **expresa** una opinión y los demás **responden** expresando acuerdo o desacuerdo. Atención, hay que tener en cuenta lo que ha dicho el compañero anterior.

–A mí Shakira no me gusta.

–A mí tampoco.

–Pues a mí sí.

–...

3 Un juego: cada uno **pone** dos objetos en la mesa del profesor. Después, **formad** dos grupos, clientes y dependientes, y **seguid** las instrucciones de vuestra tarjeta.

Alumno A (cliente)

Tienes diez euros para regalar algo a un compañero. Mira los objetos que hay en la mesa del profesor. ¿Te gusta alguno? Pregunta su precio para decidir si quieres comprarlo.

Alumno B (dependiente)

Calcula el precio de los objetos que tienes en la tienda. Los clientes te van a preguntar el precio de varios para comprar un regalo.

Lección 4 Horarios comerciales

1a **Mira** el cartel y **responde** a estas preguntas.

1. ¿Dónde puedes verlo?
2. ¿Cuántas horas está abierto al público este lugar?
3. ¿Está abierto los sábados por la tarde?

HORARIO
Lunes a Viernes
10:00 a 14:00 horas
17:00 a 20:00 horas
Sábado
10:00 a 14:00 horas

1b **Relaciona** cada palabra con la fotografía correspondiente.

una farmacia | un supermercado | una peluquería | un banco | un centro comercial | una frutería

Culturas

1c **Lee** el texto y **señala** si estas afirmaciones son verdaderas (V) o falsas (F).

	V	F
1. Los horarios comerciales en España son iguales a los de otros países.	☐	☐
2. Normalmente, las farmacias cierran a mediodía.	☐	☐
3. Algunas tiendas abren los sábados por la tarde.	☐	☐
4. Los grandes almacenes no cierran nunca los domingos.	☐	☐
5. En verano, muchos bancos abren los sábados por la mañana.	☐	☐

HORARIOS COMERCIALES EN ESPAÑA

Algo que sorprende a muchos turistas que vienen a España son los horarios de las tiendas. La mayoría (farmacias y pequeños comercios, como las fruterías) abren de diez a dos y de cinco y media a ocho y media, más o menos. Es decir, que cierran a mediodía. Pero no siempre es así. Poco a poco, los establecimientos públicos abren más horas. Por ejemplo, ahora algunas peluquerías, supermercados y otras tiendas no cierran a mediodía y abren también los sábados por la tarde.

Pero los horarios más amplios son, sin duda, los de los centros comerciales y grandes almacenes. Normalmente abren de diez de la mañana a nueve de la noche y también abren algunos domingos y días festivos.

Los bancos tienen horarios distintos. Abren de ocho y media a dos, de lunes a viernes. Y de octubre a mayo algunos abren también los sábados por la mañana.

RINCÓN DE LA RED

Entra en las páginas web de estas marcas españolas y **escribe** en tu cuaderno qué productos venden.

- Camper (www.camper.com)
- Chupa Chups (www.chupachups.es)
- Telefónica (www.telefonica.es)
- Zara (www.zara.es)
- SEAT (www.seat.es)
- Keraben (www.keraben.es)

¿Qué he aprendido en esta unidad?

→ Comunicación

Justificar una opinión
–*A Ana le podemos regalar un disco de salsa, porque le gusta mucho bailar.*

Pedir algo en una tienda
–*¿Tienen zapatillas de deporte?*
–*¿Puedo ver ese jersey?*

Preguntar el precio de un producto
–*¿Cuánto cuesta esta camiseta?*
–*¿Cuánto cuestan esos zapatos?*

Valorar un objeto
–*Este jersey es muy bonito.*
–*Estos pantalones son un poco feos.*

Expresar acuerdo
Sí./Yo también./Yo tampoco./A mí también./A mí tampoco.

Expresar desacuerdo
No./Yo sí./Yo no./A mí sí./A mí no.
–*Estas gafas son un poco feas, ¿no?*
–*Pues yo creo que no. A mí me gustan.*
–*Y a mí también.*

→ Vocabulario

Objetos de uso cotidiano
Un teléfono móvil, un monedero, unas gafas de sol, un CD...

Establecimientos públicos
Centro comercial, grandes almacenes, tienda, supermercado...

Secciones de un gran almacén
Informática, juguetes, zapatería, deportes...

→ Pronunciación

Los sonidos /r/ y /rr/.
p. 118

→ Gramática

Oraciones finales: *para* + infinitivo
p. 130 *–Esta página web es para comprar regalos.*

Oraciones causales: *porque*
p. 130 *–¿Por qué le compras ropa?*
–Porque le gusta mucho.

Adjetivos y pronombres demostrativos
p. 126

	Masculino		Femenino	
	Singular	**Plural**	**Singular**	**Plural**
Cerca (aquí)	este	estos	esta	estas
Distancia media (ahí)	ese	esos	esa	esas
Lejos (allí)	aquel	aquellos	aquella	aquellas

Se emplean para señalar objetos o a personas. Pueden ir antes del sustantivo (adjetivos) o solos (pronombres).
–¿Puedo ver esa camisa?
–¿Esta?
–Sí.

→ Cultura y sociocultura

Horarios comerciales en España.
Marcas españolas.

HORARIO
Lunes a Viernes
10:00 a 14:00 horas
17:00 a 20:00 horas
Sábado
10:00 a 14:00 horas

Unidad 7

Una fiesta

En esta unidad vas a aprender a:
- **Felicitar**.
- **Dar** una opinión.
- **Reaccionar** cuando te dan un regalo.
- **Cantar** canciones de cumpleaños.

Para empezar

1a **Mira** los dibujos y **completa** los bocadillos.

¡Bienvenido! | De nada. | ¡Enhorabuena! | ¡Feliz cumpleaños!

1b **Relaciona** cada oración con la situación correspondiente.

¡Enhorabuena!	Cuando te dan un regalo.
¡Feliz cumpleaños!	Para felicitar.
¡Gracias!	Para recibir de forma cortés a alguien que llega.
Bienvenido.	Cuando alguien te da las gracias.
De nada.	Para felicitar el cumpleaños.

Lección 1

Organizamos una fiesta

1a **Relaciona** cada objeto con la fotografía correspondiente.

1 2 3 4 5 6 7 8 9 10 11 12 13 14

- unos vasos y platos de plástico
- unos globos
- unos CD
- unas servilletas de papel
- una tortilla de patata
- una tarta
- unas velas
- un balón de fútbol
- unos sándwiches
- unas patatas fritas
- unas botellas de refrescos
- un juego de mesa
- un DVD
- unos gorros de papel

→ **Vocabulario**

Materiales

el papel
el plástico

1b De dos en dos, **comentad** qué objetos de 1a elegiríais para una fiesta de cumpleaños, si añadiríais otros y por qué.

–Yo creo que para una buena fiesta necesitas *pizzas* y hamburguesas, porque le gustan a todo el mundo.

→ **Comunicación**

Dar una opinión

–Yo creo que para una buena fiesta necesitas caramelos y golosinas.

2a Los mellizos Ignacio y Arancha están preparando su fiesta de cumpleaños. **Lee** la lista de las cosas que necesitan y **completa** las palabras con las letras que faltan.

¿Cuándo?	¿El sábado o el domingo? ¿?
¿Cuántos somos?	Más o menos, veinte.
¿Qué necesitamos?	Bebida: diez botellas de re..........cos de nara.........., limón y cola. Comida: sándwiches (comprar pan de molde, j..........n, queso...), pat.......... fritas y una tor.......... de patata. La tarta: ¿la compramos o la ha..........s? ¿? Música: CD de *rock* y pop. Pl.......... y va.......... de plástico. Servilletas y un mantel de papel. Velitas con el n.......... doce.
¿Dónde la hacemos?	En el parque que está cerca de casa, en el salón de casa o podemos hacerla en el local de la comunidad de vecinos. ¿?
¿A qué hora?	A las cuatro y media, a las cinco o a las cinco y media. ¿?

2b Ignacio y Arancha hablan con su madre porque tienen algunas dudas sobre la fiesta. **Lee** su conversación y **escribe** al lado de las interrogaciones de la lista de 2a lo que deciden al final.

Madre: Entonces... La fiesta la podéis hacer en el local de la comunidad de vecinos el sábado por la tarde, pero después debe quedar todo limpio y ordenado, ¿eh?
Arancha: Sí, mami, tranquila. ¿La comida y la bebida las compras tú?
Madre: Sí, las compro yo el viernes. El sábado por la mañana preparamos los sándwiches, y la tarta...
Ignacio: ¡La tarta la hago yo!
Arancha: ¿Pero tú sabes hacer tartas?
Ignacio: Sí, sé hacer una, la que hace la tía Lourdes con galletas. Es muy fácil.
Madre: ¿Seguro?
Ignacio: ¡Seguro! No es necesario cocinar, es una tarta fría.
Arancha: Bueno, de acuerdo, pero compramos también otra pequeña, ¿vale?
Madre: Vale.
Ignacio: Otra cosa, mamá: ¿a qué hora empezamos y a qué hora terminamos?
Madre: Nos dejan la sala de cinco a ocho de la tarde.
Ignacio: Muy bien.

→ **Gramática**

El indefinido *otro/a/os/as*

Funciona como adjetivo o pronombre.
–¿Me das otro vaso de agua?
–Hacemos una tarta y compramos otra.

La conjunción *o*

Sirve para indicar elección.
–¿Hacemos la fiesta el sábado o el domingo?

Lección 2 ¿Quién es ese?

1a **Mira** el dibujo y **señala** si estas oraciones son verdaderas (V) o falsas (F).

	V	F
1. Hay un chico rubio que está mirando por la ventana.		
2. Hay dos chicas haciendo fotos.		
3. Hay una chica rubia que está bailando.		
4. Arancha e Ignacio están abriendo un regalo.		
5. Muchos chicos están hablando.		

Gramática

Estar + gerundio

Sirve para presentar una acción en el momento en el que se realiza.

–¿Qué hace Manuel?
–Está hablando con Clara.

Gerundio: verbos regulares

-AR: -ando (bailar: bailando)
-ER, -IR: -iendo (comer: comiendo), (salir: saliendo)

Gerundio: verbos irregulares

Leer: leyendo	**Ver:** viendo
Oír: oyendo	**Reír:** riendo
Decir: diciendo	**Dormir:** durmiendo

1b **Relaciona** los elementos de las columnas.

come	LEER	está leyendo
bebe	HABLAR	está viendo
juega	VER	está bailando
baila	MIRAR	está jugando
mira	BEBER	está comiendo
habla	COMER	está hablando
ve	BAILAR	está bebiendo
lee	JUGAR	está mirando

1c Formad pequeños grupos: uno de vosotros **representa** una acción con gestos, sin hablar. Los demás tienen que **adivinar** qué acción es y dónde la está haciendo.

–¿Estás leyendo?
–Sí.
–¿Estás leyendo en el sofá del salón?
–No.
–¿Estás leyendo en tu cama?
–¡Sí!

2a **Mira** el dibujo de 1a y **comenta** con tu compañero de quién creéis que están hablando Ángela y Teresa, las dos chicas que están a la izquierda.

–Yo creo que están hablando del chico que lleva gafas.
–Pues yo no, yo creo que están hablando de las chicas que están bailando.

2b **Escucha** la conversación y **señala** en el dibujo de 1a de qué personas están hablando Ángela y Teresa.

2c **Lee** el diálogo y **complétalo**. Después, **escucha** otra vez la conversación y **comprueba** los resultados.

Ángela: ¿Quién es ese chico rubio?
Teresa: ¿Dónde está? No lo veo.
Ángela: ¿Cómo que no lo ves? ¡Está allí!
Teresa: ¿El chico rubio ....?
Ángela: ¡No, ese! El chico que está al lado de la ventana, hablando con una chica morena.
Teresa: ¡Ah, sí, sí!
Ángela: ¡Qué guapo! ¿Sabes quién es?
Teresa: Sí, es el primo de Ignacio y de Arancha, creo que tiene quince años o más.
Ángela: ¿Y sabes quién es la chica morena .... con él?
Teresa: Sí, es su novia.
Ángela: Ah. ¿Y aquel chico moreno? Tampoco lo conozco.
Teresa: ¿El chico .... una foto?
Ángela: Sí.
Teresa: Pues no, no sé quién es.

que está hablando
que está haciendo
que está bailando

2d **Mira** el dibujo de 1a, **elige** a tres personajes y **pregúntale** a tu compañero quiénes son. Él tiene que **inventárselo**. Atención, no puede señalarlos, tiene que identificarlos.

–¿Sabes quién es la chica morena que está comiendo?
–Es mi prima Adela.
–¿Y quién es el chico rubio que está bailando?
–Creo que es Juan, un amigo de Adela.

Comunicación

Identificar a alguien dentro de un grupo

–¿Quién es la chica que está al lado de Merche?
–Es mi amiga Daniela.

Lección 3 Nuestra fiesta

1a **Mira** los dibujos y **di** dónde están los chicos y qué están haciendo.

① 

② 

③ 

1b **Escucha** los diálogos y **escribe** el número del dibujo que corresponde a cada uno.

>30

Diálogo 1: .... Diálogo 2: .... Diálogo 3: ....

1c **Escucha** otra vez los diálogos y **escribe** en cuáles se dicen estas oraciones.

>30

¡Qué bonita! Diálogo n.º ....
¡Muchas gracias! Diálogo n.º ....
¡Me encanta! Diálogo n.º ....
¡Qué rica! Diálogo n.º ....

2a **Escribe** tu valoración de estos objetos.

bonito
chulo
moderno
práctico

¡Qué bonita!

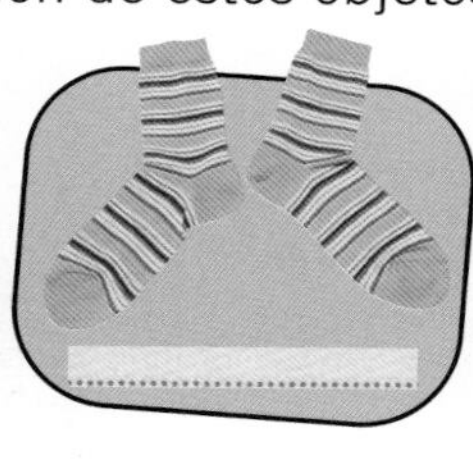

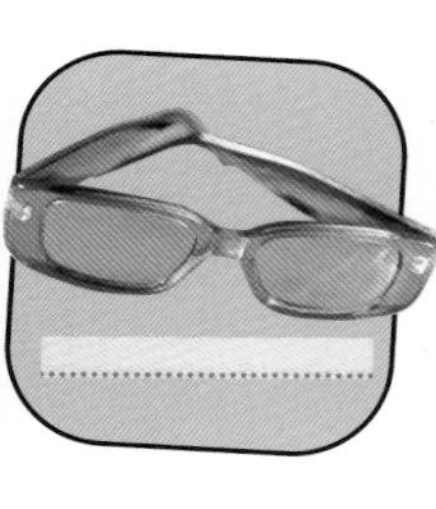

2b De dos en dos, cada uno **elige** un objeto de 2a e **imagina** que se lo regala a su compañero, que tiene que hacer valoraciones para **adivinar** qué objeto es.

–Toma, esto es para ti.
–¡Qué bonitas!
–No, no son bonitas.
–¡Qué moderno!
–Sí... Es muy moderno.
–¿Es un móvil?
–¡Sí!
–¡Gracias!
–De nada.

→ **Comunicación**

Valorar

–¡Qué bonita (es)!
–¡Qué rico (está)!

→ **Pronunciación**

La entonación de las oraciones interrogativas y exclamativas

p. 119

3a Vamos a hacer una fiesta para celebrar el primer curso de español. **Completa** un cartel como este y **dibuja** una situación donde te imaginas hablando español.

Me gusta el español porque es una lengua muy bonita.

El español es útil para hacer amigos nuevos.

Mis palabras y expresiones favoritas en español son:
caramelos, vacaciones, amigo y ¡qué chulo!

Este soy yo hablando español:

¿Hablas español?
Sí.
¿Quieres jugar al fútbol?
¡Vale!

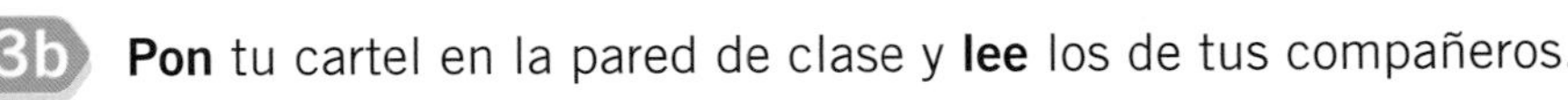

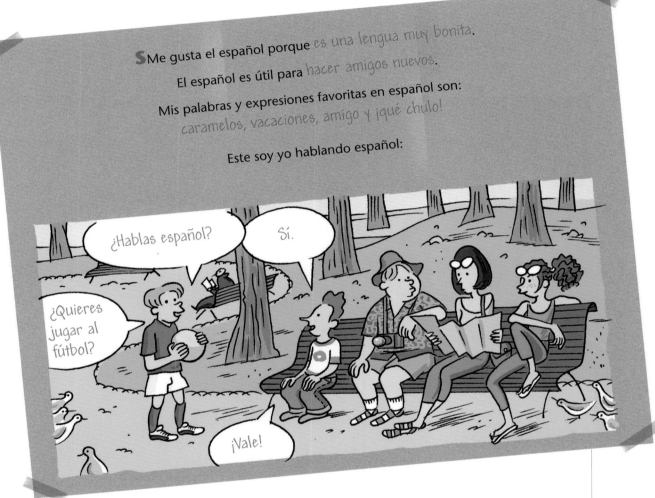

3b **Pon** tu cartel en la pared de clase y **lee** los de tus compañeros.

3c **Piensa** en un regalo que te gusta mucho y **dibújalo**.

3d ¡Empieza la fiesta! El profesor va a poner música; cuando la pare, **dale** tu regalo al compañero que tienes al lado y **reacciona** cuando él te dé su regalo.

–Toma, esto es para ti.
–¡Gracias! ¿Qué es? ¡Ah, un CD! ¡Qué chulo!
–¿Te gusta?
–¡Me encanta! ¡Gracias, de verdad!
–De nada.

¡Felicidades!

1a **Completa** esta canción de cumpleaños.

paz | amiguito | muchos | día

Feliz, feliz en tu ....,
.... que Dios te bendiga,
que reine la .... en tu vida,
y que cumplas .... más.

1b **Escucha** la canción y **comprueba** los resultados.

31

2 **Escucha** la canción mexicana de cumpleaños *Las mañanitas* y **ordena** los versos.

32

- la luna ya se metió. ◯
- Despierta, mi bien, despierta ◯
- hoy por ser día de tu santo te las cantamos a ti. ◯
- mira que ya amaneció ◯
- Estas son las mañanitas que cantaba el rey David 1
- ya los pajaritos cantan ◯

Culturas

3 **Relaciona** cada celebración con la tarjeta de felicitación correspondiente.

La Navidad	El día de la madre	Un nacimiento	El cumpleaños

RINCÓN DE LA RED

Los villancicos son canciones típicas de las fiestas navideñas. **Entra** en www.elhuevodechocolate.com/villancico1.htm o en la sección «Música navideña» de www.navidadlatina.com, **lee** las letras de los villancicos mientras escuchas las melodías y **apréndete** el que más te guste.

¿Qué he aprendido en esta unidad?

→ Comunicación

Felicitar
–*¡Enhorabuena!*
–*¡Feliz cumpleaños!*

Dar las gracias y responder
–*¡Gracias!*
–*De nada.*

Dar la bienvenida
–*Bienvenido/a.*

Dar una opinión
–*Yo creo que para una buena fiesta necesitas caramelos y golosinas.*

Identificar a alguien dentro de un grupo
–*¿Quién es la chica que está al lado de Merche?*
–*Es mi amiga Daniela.*

Valorar
–*¡Qué bonita (es)!*
–*¡Qué rico (está)!*

→ Vocabulario

Objetos para una fiesta
Vasos de plástico, servilletas de papel, velas, tarta...

Materiales
Papel, plástico.

→ Pronunciación

p. 119 La entonación de las oraciones interrogativas y exclamativas.

→ Gramática

El indefinido *otro/a/os/as*
p. 127 Funciona como adjetivo o como pronombre.
–¿Me das otro vaso de agua?
–Hacemos una tarta y compramos otra.

La conjunción *o*
p. 129 Sirve para indicar elección.
–¿Hacemos la fiesta el sábado o el domingo?

***Estar* + gerundio**
p. 133 Sirve para presentar una acción en el momento en el que se realiza.
–¿Qué hace Manuel?
–Está hablando con Clara.

Gerundio: verbos regulares
p. 133 *-AR: -ando (bailar: bailando)*
-ER, -IR: -iendo (comer: comiendo), (salir: saliendo)

Gerundio: verbos irregulares
p. 133 Estos son algunos de los verbos que tienen el gerundio irregular:

Leer: leyendo	**Ver:** viendo
Oír: oyendo	**Reír:** riendo
Decir: diciendo	**Dormir:** durmiendo

Oraciones subordinadas adjetivas
p. 130 *–La chica que está al lado de Merche es mi amiga Daniela.*

→ Cultura y sociocultura

Canciones para felicitar el cumpleaños.
Celebraciones y tarjetas de felicitación.

Unidad 8

De vacaciones

En esta unidad vas a aprender a:

- **Hablar** del tiempo atmosférico.
- **Hablar** de planes e intenciones.
- **Hablar** de las vacaciones.

Para empezar

1 **Relaciona** cada fotografía con la palabra correspondiente.

2a **Mira** los dibujos y **busca** estas palabras en el diccionario con ayuda de tu compañero.

- el bañador
- las aletas
- el chubasquero
- las bermudas
- el vestido
- los calcetines
- la crema solar
- la sudadera
- el protector antimosquitos
- la toalla

2b Ana y Jorge se van de vacaciones. Uno va a la playa y otro va a un campamento de montaña con piscina. **Fíjate** en los dibujos de 2a y **decide** con tu compañero adónde va cada uno.

→ Comunicación

Expresar posibilidad

–Creo que Jorge va a la montaña, porque lleva el chubasquero.
–Pues yo creo que va a la playa, porque lleva el bañador y la toalla.

3 **Relaciona** los elementos de las dos columnas.

Me llevo una crema solar	para estar cómodo.
Me llevo unos pantalones nuevos	para no tener frío.
Me llevo unos pantalones viejos	para leer ahora que tengo tiempo.
Me llevo un jersey	para escuchar música en cualquier sitio.
Me llevo dos bañadores	para tener uno de recambio.
Me llevo un libro	para salir por la tarde.
Me llevo mi MP3	para protegerme del sol.

¿Playa o montaña?

1 **Relaciona** los nombres de las estaciones con las fotografías correspondientes.

la primavera   el verano   el otoño   el invierno

1 
2 
3 
4 

2 **Escribe** correctamente y ordenados los nombres de los meses del año.

julio	enero	noviembre	febrero	agosto	mayo
septiembre	marzo	diciembre	abril	octubre	junio

3a **Fíjate** en el cuadro de vocabulario y **escribe** debajo de cada dibujo el tiempo que representa.

→ Vocabulario

El clima

hace frío
hace calor
hace sol
hace viento
hace buen tiempo
hace mal tiempo
llueve
nieva

3b **Lee** el texto y **señala** si estas oraciones son verdaderas (V) o falsas (F).

		V	F
1.	En Castilla y León hace mucho frío en invierno.	☐	☐
2.	En Sevilla hace mucho calor en verano.	☐	☐
3.	En Galicia casi nunca llueve.	☐	☐
4.	En Castilla-La Mancha llueve mucho en verano.	☐	☐
5.	En Valencia a veces llueve mucho en otoño.	☐	☐
6.	En Canarias hace siempre buen tiempo y llueve poco.	☐	☐

→ Gramática

La preposición *en*

Puede indicar lugar o situación en el tiempo.
–*En Andalucía llueve poco.*
–*En primavera llueve mucho.*

El clima en España

España es un país con climas y paisajes muy diferentes.

El **norte** se llama «la España verde»: en invierno no hace mucho frío y llueve mucho, y en verano no hace mucho calor y llueve bastante. En la zona de los Pirineos, lógicamente, hace más frío y en invierno nieva.

El **centro** de España es seco: llueve poco y hace mucho frío en invierno y bastante calor en verano, pero más en la parte sur que en la parte norte. Allí en invierno casi siempre nieva.

En el **este** de España y en las Islas Baleares en invierno no hace frío y en verano hace bastante calor. Hace buen tiempo casi todo el año, pero en primavera y en otoño a veces hace muy mal tiempo y llueve bastante.

En el **sur** de España hace mucho calor en verano y muy poco frío en invierno. Llueve poco y casi nunca nieva, excepto en las montañas altas, como Sierra Nevada.

En las Canarias hace buen tiempo todo el año, las temperaturas son suaves y no llueve mucho.

3c **Imaginad** que tenéis que explicar a un chico español el clima de vuestro país. En pequeños grupos, **elegid** una región, **comentad** cómo es el clima y **tomad** notas. Después, **poned** en común los resultados. Al final, cada uno **escribe** en su cuaderno un texto explicándolo.

4a **Lee** estos testimonios y **relaciona** cada uno con la fotografía correspondiente.

1

2

3

4

A A mí en verano me gusta estar en el campo, en el pueblo de mis abuelos, porque tengo amigos y conozco a todo el mundo. No me gusta nada visitar ciudades, es un rollo.

B Yo prefiero la montaña, porque no hace mucho calor y me gusta mucho andar por el campo. La playa no me gusta porque hay mucha gente.

C En verano a mí me gusta hacer viajes largos para visitar ciudades que no conozco y para conocer a gente nueva.

D A mí me encanta la playa porque me gusta tomar el sol y me relaja oír el ruido de las olas. También me gusta conocer ciudades nuevas.

Gramática

Presente de indicativo

	Conocer
(yo)	**conozco**
(tú)	conoces
(él, ella, usted)	conoce
(nosotros/as)	conocemos
(vosotros/as)	conocéis
(ellos/as, ustedes)	conocen

Conocer + *a* + complemento de persona
–¿Conoces Madrid?
–¿Conoces a Luis?

4b **Escucha** la grabación y **comprueba** los resultados.

4c **Relaciona** estas actividades con el lugar donde se pueden hacer.

- nadar en la piscina
- visitar monumentos
- montar en bicicleta
- hacer senderismo
- tomar el sol
- comer en un restaurante
- hacer fotos
- descansar

- EN LA PLAYA
- EN LA MONTAÑA
- EN LA CIUDAD

- nadar en el mar
- jugar al balón
- ir de compras
- pasear por el campo
- ir al cine
- respirar aire puro
- jugar con la arena
- conocer lugares históricos

4d En pequeños grupos, **comentad** adónde os gusta ir de vacaciones y por qué. Después, **poned** en común los resultados para saber qué prefiere la mayoría: playa, montaña o ciudad.

¿Qué hacéis este verano?

1a **Lee** el diálogo y **completa** la tabla.

Lucas: ¿Qué hacéis este verano?
Ana: Yo no lo sé todavía. Mi madre quiere ir a la playa, a Murcia, como todos los años, pero mi padre este año quiere cambiar, así que no sé.
Marta: Yo en julio me voy a casa de mis abuelos, como siempre, en nuestro coche. Está en la playa, en un pueblo de Valencia. Estoy allí dos meses, pero no me aburro, me gusta mucho.
Lucas: ¿Y tú, Pablo?
Pablo: Yo este año me voy quince días a un campamento de verano, en julio. Es la primera vez que voy.
Lucas: ¡Tranquilo! Yo soy un experto en campamentos. Haces amigos enseguida.
Pablo: Eso espero. Y luego, en agosto, me voy a Roma, en avión, porque mis padres quieren conocer Italia. ¿Y tú, adónde vas?
Lucas: Yo voy a un campamento en julio y en agosto nos vamos una semana a Ibiza, en barco. Vamos a un hotel, con pensión completa. Mi madre dice que quiere descansar.

	¿Adónde va? A...	¿Cuándo va? En...	¿Cómo va? En...	¿Por qué va allí? Porque...
Ana				
Marta				
Pablo				
Lucas				

→ Gramática

Oraciones consecutivas: *así que*

Expresan la consecuencia o el resultado de algo.
–Allí hace frío, así que me llevo un jersey.

1b **Completa** estas oraciones con las preposiciones *a*, *en* o *de*.

1. Este verano nos vamos ______ Alemania, ______ agosto, ______ tren.
2. Me voy ______ casa de mis abuelos ______ julio y vuelvo ______ mi casa en septiembre.
3. Yo este año estoy ______ casa ______ agosto y me voy ______ vacaciones una semana ______ junio y otra ______ septiembre.

→ Vocabulario

Los verbos *ir, irse*

Ir
Irse
Irse de vacaciones

Ir a indica movimiento.
Ir en indica medio de transporte.
–Me voy a Cádiz en tren.

→ Comunicación

Expresar planes e intenciones

Podemos expresar planes e intenciones con el presente de indicativo.
–Este verano me voy a Cuba.

Expresar deseos

Con *querer* + infinitivo expresamos deseos.
–En verano quiero ir a la playa.

1c  **Comentad** en pequeños grupos adónde van vuestras familias este verano de vacaciones. ¿Hay alguna coincidencia?

–¿Adónde te vas de vacaciones?
–No lo sé todavía. Creo que vamos a la playa. ¿Y tú?
–Nosotros nos vamos en julio a la montaña y en agosto estamos en casa.

2a **Lee** estos anuncios de alquiler de casas rurales y **escribe** en tu cuaderno qué tiempo hace en verano y qué ropa te llevarías a cada lugar.

Casa rural en alquiler en los Pirineos

Situación: preciosa y amplia casa rural, situada a las afueras del casco urbano. Está muy cerca del Parque Nacional de Ordesa.

Actividades: senderismo, bicicleta de montaña, paseos a caballo.

Apartamento en alquiler en la Costa Brava (Girona)

Situación: maravillosa casa para ocho personas, al lado de la playa.
Actividades: cursos de vela y windsurf.

–En los Pirineos hace..., así que me llevo...

2b **Comenta** con tu compañero cuál de los dos sitios prefieres y por qué, para saber si tenéis los mismos gustos.

–Prefiero la casa de los Pirineos, porque me gusta mucho la montaña.
–Yo también.

2c **Imagina** que tu familia ha alquilado una de las casas de 2a para este verano. **Piensa** en sus características y **completa** la primera columna de la tabla.

	Tú	**Tu compañero**
¿Cuántas personas vais?		
¿Cuándo vais?		
¿Cómo vais?		
¿Cuántas habitaciones tiene la casa?		
¿Cuántos baños tiene?		
¿Tiene televisión?		
¿Tiene un pueblo o ciudad cerca?		
¿Qué otros servicios tiene (jardín, piscina, pista de tenis...)?		

2d **Pregunta** a tu compañero sobre su casa y sus vacaciones y **completa** la segunda columna de la tabla.

Lección 3

Un día de vacaciones

1a Pablo está de vacaciones en un campamento de verano, en Cantabria, y su madre lo llama por teléfono. **Relaciona** los elementos de las dos columnas para saber lo que le pregunta.

¿Cómo... •	• ... campamento?
¿Qué tenéis hoy... •	• ... estás, hijo?
¿Es buena la... •	• ... en autobús?
¿Te gusta el... •	• ... para comer?
¿Y cómo vais al pueblo,... •	• ... comida que te dan?

1b **Escucha** la conversación telefónica y **comprueba** los resultados.

>34

1c **Escucha** otra vez la conversación y **señala** si estas oraciones son verdaderas (V) o falsas (F).

>34

	V	F
1. Pablo está nervioso.	☐	☐
2. Pablo está encendiendo una hoguera.	☐	☐
3. A Pablo le gusta la comida que le dan en el campamento.	☐	☐
4. Pablo va al pueblo esta tarde en autobús.	☐	☐
5. Su madre está preocupada por los coches.	☐	☐

1d **Lee** el mensaje de correo que le manda Pablo a un amigo y **complétalo**.

Para... lucasmartin@tmail.com

CC...

Asunto: campamento

Hola, Lucas:

¿Qué tal? Yo, muy bien. Hago muchas cosas: por la mañana vamos al bosque o al río (tenemos canoas, y es guay). Por la tarde, dos .... por semana, voy a una piscina y otras veces vamos .... pueblo, a tomar un helado o al cine. Por la noche nos reunimos alrededor del fuego y cantamos o contamos historias de miedo. Cantar es un ...., pero contar historias de miedo... ¡Me gusta ....!

.... los días limpio mi habitación y me toca lavar los platos tres veces a la ...., pero tengo ya muchos amigos y en general es bastante .... Hace .... buen tiempo. Bueno, hoy llueve pero es la segunda vez en diez días. Cuando llueve, leemos, vemos la tele, jugamos a las cartas o escribimos desde el ordenador del jefe del campamento, como estoy .... yo ahora. Bueno, ... voy, que es hora de cenar.

Un abrazo, saludos a la panda.

Pablo

semana · al · rollo · mucho · muy · haciendo · me · veces · Todos · divertido

2a **Relaciona** los nombres de los signos del Zodiaco con el dibujo correspondiente.

Libra	Tauro	Escorpio
Aries	Piscis	Leo
Capricornio	Sagitario	Acuario
Cáncer	Géminis	Virgo

2b **Completa** los nombres de los signos del Zodiaco con las letras que faltan.

Los signos de agua son Cá....c....r, Pis....i.... y ....scorpi.....

Los signos de tierra son Ta....ro, V....rg.... y Ca....ricorn....o.

Los signos de aire son Gémini...., Li....ra y A....ua....io.

Los signos de fuego son ....ries, ...eo y Sa....i....ario.

2c **Lee** el texto para saber cómo les gusta viajar a las personas de cada signo.

Los signos del Zodiaco y los viajes

A las personas de los **signos de tierra** no les gustan los viajes al extranjero. Normalmente prefieren viajar sin salir de su país, a lugares donde pueden verse con sus amigos o con su familia. Los signos de tierra creen que las vacaciones son para descansar y estar tranquilos.

Para las personas de los **signos de aire**, viajar significa conocer lugares y personas nuevas y hacer cosas que no se hacen todos los días: un curso de submarinismo, un curso de vela... Los viajes de los signos de aire están llenos de movimiento, y si son incómodos no les importa.

A las personas de los **signos de fuego** les gusta mucho visitar ciudades famosas y playas exóticas, pero siempre en hoteles de lujo y con todas las comodidades. Muchas veces traen recuerdos y regalos de sus viajes y siempre hacen muchas fotografías que enseñan a sus amigos.

Para las personas de los **signos de agua** viajar es normal. Consideran el mundo su casa y están bien en todas partes, pero prefieren estar en contacto con la naturaleza: les gusta escuchar el ruido de las olas, el viento y, sobre todo, el silencio.

2d **Comenta** con tu compañero si a ti o a personas que conoces os corresponde la interpretación del texto. Después, **poned** en común vuestras opiniones con toda la clase para ver si estáis de acuerdo.

–Yo soy Acuario, pero no me gusta la aventura. Prefiero las vacaciones tranquilas.

–Mi padre es Leo y es verdad que le gusta ir a buenos hoteles.

Repaso de los sonidos del español

p. 120

Vacaciones en España

1 **Lee** el texto y **contesta** a estas preguntas.

1. ¿Cuál es el destino preferido por los españoles: la playa o la montaña?
2. Según el texto, ¿cuál es el país del mundo que recibe a más turistas?
3. ¿Cómo se llama el turismo que realiza la gente que prefiere el campo y la naturaleza a las grandes ciudades?
4. Además del rural, ¿qué otro tipo de turismo practican los españoles?
5. Después de haber leído el texto, ¿podrías indicar las diferencias entre el turismo practicado por los españoles y el practicado por la gente de tu país?

¿Dónde preferimos pasar las vacaciones?

Playa de La Guardia, Salobreña (Granada).

Como en otros muchos países, en España las vacaciones generalmente coinciden con los meses de verano: julio y agosto. También son importantes las fiestas de Semana Santa, las de Navidad y algunos puentes.

La mayoría de los españoles se queda en el país durante la época de vacaciones. La principal meta turística es la playa: Islas Canarias, Islas Baleares, Costa Brava, Costa del Sol, Costa Cantábrica, Costa Atlántica y Costa de Levante. Quizás por eso los españoles no suelen irse al extranjero de vacaciones para disfrutar del mar, exceptuando el Caribe. Las costas españolas son mundialmente famosas.

Según datos estadísticos de la Organización Internacional del Turismo de 2006, España es el segundo país del mundo en industria turística, por delante de Estados Unidos e Italia y solo por detrás de Francia.

En los últimos años muchas personas practican el llamado turismo rural en áreas tranquilas, alejadas de las grandes ciudades. En todas las regiones españolas encontramos casas y hoteles rurales en las que los turistas buscan el contacto con la naturaleza, la práctica de deportes como el senderismo o, simplemente, descansar. Ejemplo de turismo rural, espiritual y cultural es el Camino de Santiago, que atrae cada vez a más gente.

Poblado de La Sauceda, Cortes de la Frontera (Málaga).

Por supuesto, el turismo cultural sigue siendo fundamental. Los españoles suelen quedarse en España para admirar su excelente patrimonio histórico-artístico –en España hay trece ciudades Patrimonio de la Humanidad–, pero cuando viajan fuera buscando disfrutar de la cultura los principales destinos son Roma, París, Venecia, Londres, Florencia Praga, Lisboa o Estambul.

El Acueducto (Segovia).

Culturas

2a **Lee** estas postales y **relaciona** cada una con el lugar que le corresponde.

las Islas Canarias

Santiago de Compostela

los Pirineos

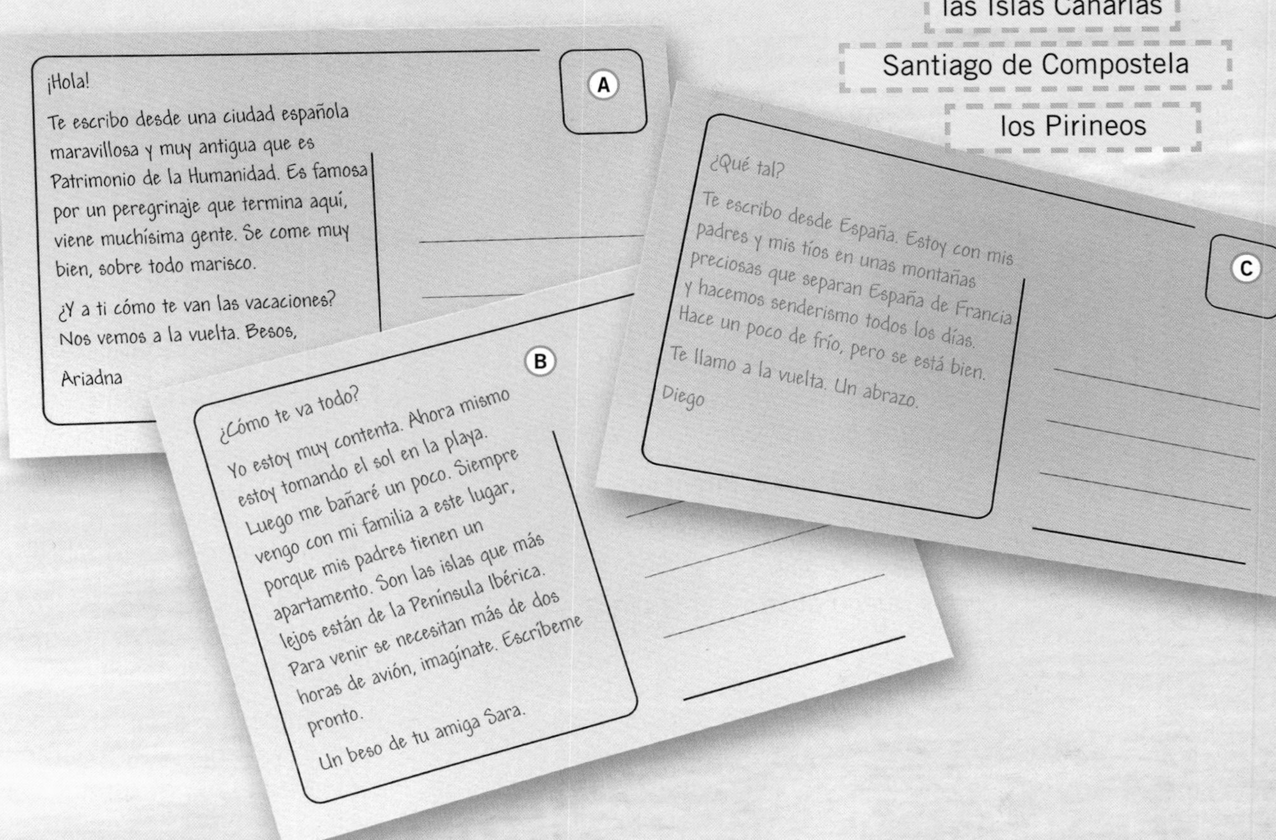

A
¡Hola!
Te escribo desde una ciudad española maravillosa y muy antigua que es Patrimonio de la Humanidad. Es famosa por un peregrinaje que termina aquí, viene muchísima gente. Se come muy bien, sobre todo marisco.
¿Y a ti cómo te van las vacaciones? Nos vemos a la vuelta. Besos,
Ariadna
B
¿Cómo te va todo?
Yo estoy muy contenta. Ahora mismo estoy tomando el sol en la playa. Luego me bañaré un poco. Siempre vengo con mi familia a este lugar, porque mis padres tienen un apartamento. Son las islas que más lejos están de la Península Ibérica. Para venir se necesitan más de dos horas de avión, imagínate. Escríbeme pronto.
Un beso de tu amiga Sara.
C
¿Qué tal?
Te escribo desde España. Estoy con mis padres y mis tíos en unas montañas preciosas que separan España de Francia y hacemos senderismo todos los días. Hace un poco de frío, pero se está bien.
Te llamo a la vuelta. Un abrazo.
Diego

2b **Relaciona** cada postal con la fotografía correspondiente.

RINCÓN DE LA RED

Entra en www.ciudadespatrimonio.org y **haz** una lista de las capitales españolas Patrimonio de la Humanidad. Después, **elige** una y **escribe** una breve ficha de presentación que incluya:

- El nombre de la ciudad
- El nombre de la comunidad autónoma en la que está
- Algún monumento famoso de esa ciudad

¿Qué he aprendido en esta unidad?

→ Comunicación

Expresar posibilidad
–*Creo que Jorge va a la montaña, porque lleva el chubasquero.*
–*Pues yo creo que va a la playa, porque lleva el bañador y la toalla.*

Expresar planes e intenciones
–*Este verano me voy a Cuba.*

Expresar deseos
–*En verano quiero ir a la playa.*

→ Vocabulario

El paisaje
El lago, la montaña, el río, el mar...

Las estaciones del año
La primavera, el verano, el otoño, el invierno.

Los meses del año
Enero, febrero, marzo, abril, mayo...

El clima
Hace frío/calor/sol/viento/buen tiempo/mal tiempo, llueve, nieva.

Actividades de ocio
Nadar en la piscina, montar en bicicleta, tomar el sol, jugar en la arena...

Los verbos *ir*, *irse*
Ir
Irse
Irse de vacaciones

Ir a indica movimiento. *Ir en* indica medio de transporte.
–*Me voy a Cádiz en tren.*

Los signos del Zodiaco
Aries, Tauro, Géminis, Cáncer, Leo...

→ Gramática

La preposición *en*
p. 128 –*En Andalucía llueve poco.*
–*En primavera llueve mucho.*

La preposición *a*
p. 128 –*En verano me voy a Cádiz.*

Presente de indicativo: verbos con la primera persona del singular irregular
p. 131
Conocer: conozco, conoces, conoce, conocemos, conocéis, conocen.

Conocer + *a* + complemento de persona
–*¿Conoces Madrid?*
–*¿Conoces a Luis?*

Oraciones consecutivas: *así que*
p. 130 Expresan la consecuencia o el resultado de algo.
–*Allí hace frío, así que me llevo un jersey.*

→ Cultura y sociocultura

Destinos turísticos en España.
Las preferencias de los españoles en las vacaciones.

→ Pronunciación

Repaso de los sonidos del español.
p. 120

Pronunciación

Unidad 0

1a En algunas de estas oraciones aparece el sonido /θ/. **Subraya** las letras que lo representan.

> **Pronunciación**
>
> **El sonido /θ/**
>
> El sonido /θ/ de palabras como ***z**apato* o ***c**eja* se produce apoyando la punta de la lengua entre los dientes.

1. A la pizarra.
2. ¡Gracias!
3. Son las doce.
4. ¿Me das la tiza?
5. Soy Ramón Vázquez.
6. Hola, soy Alicia.
7. ¿Tienes un lápiz?
8. Hola, soy Lucía.
9. Son las dos.
10. Hola, soy Luisa.

1b **Escucha** y **comprueba** tus hipótesis.

2 **Escucha** estas palabras y **marca** las que tengan el sonido /x/.

1. ◯
2. ◯
3. ◯
4. ◯
5. ◯
6. ◯
7. ◯
8. ◯

> **Pronunciación**
>
> **El sonido /x/**
>
> El sonido /x/ de palabras como ***j**amón* o ***g**ente* se produce aproximando la parte posterior de la lengua al velo del paladar.

> **Pronunciación**
>
> **La entonación de las oraciones declarativas, exclamativas e interrogativas**
>
> Las oraciones declarativas en español se pronuncian con un final descendente.
> *–Me llamo Pedro.*
>
> Las oraciones exclamativas se caracterizan por una elevación y un descenso brusco del tono de voz.
> *–¡Buenos días!*
>
> Las oraciones interrogativas normalmente se pronuncian con un final ascendiente.
> *–¿Te llamas Elena?*

Unidad 1

3a **Escucha** estas oraciones y **repítelas**. **Fíjate** bien en la entonación.

1. a. Es María. b. ¿Es María? c. ¡Es María!
2. a. Hola. b. ¡Hola! c. ¿Hola?
3. a. ¿No? b. ¡No! c. No.
4. a. ¿Es española? b. Es española. c. ¡Es española!

3b **Escucha** y **escribe** los signos de puntuación que corresponden a la entonación: punto final, signos de interrogación o de exclamación.

1. Es María
2. Hola
3. No
4. Es española

3c **Lee** estas oraciones en voz alta, prestando atención a la entonación.

1. a. ¡Son las dos! b. ¿Son las dos? c. Son las dos.
2. a. ¿Tienes un boli rojo? b. Tienes un boli rojo. c. ¡Tienes un boli rojo!
3. a. Te gusta. b. ¿Te gusta? c. ¡Te gusta!

3d **Escucha** y **comprueba** tus hipótesis. **Fíjate** bien en la entonación.

4a **Escucha** estos diálogos. **Fíjate** bien en la entonación.

1. –¡Hola!
   –¡Hola!
2. –¡Buenos días!
   –¡Buenos días!
3. –¡Hasta mañana!
   –¡Hasta mañana!
4. –¡Hasta luego!
   –¡Hasta luego!

4b **Escucha** los diálogos de 4a sin las respuestas y **responde** imitando la entonación que oíste antes.

5 **Escucha** y **repite** estas oraciones.

1. ¡Hola!
2. ¿Cómo te llamas?
3. ¡Ah! Y... ¿de dónde eres?
4. ¿Qué estudias?
5. ¿Y cuántos años tienes?
6. ¿Tienes un lápiz?
7. ¿Tenéis un lápiz?
8. ¡Buen fin de semana!

Unidad 2

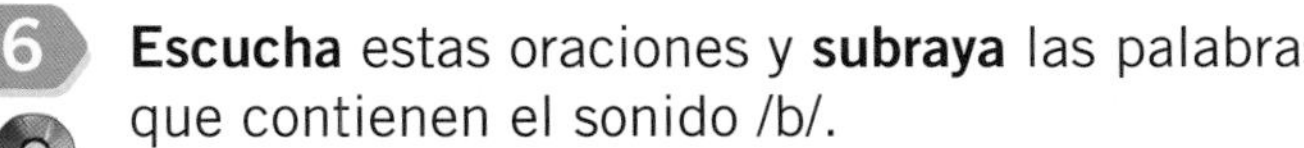

6 **Escucha** estas oraciones y **subraya** las palabras que contienen el sonido /b/.

1. Hola, buenos días.
2. Yo soy de Bilbao, pero vivo en Valencia.
3. ¿Quieres un batido o un vaso de leche?
4. ¡Vamos, que es tarde!
5. El bolígrafo azul está allí, cerca de la ventana.

Pronunciación

El sonido /b/

En palabras como ***balón***, ***vino*** o ***bombón*** el sonido /b/ se produce juntando los labios. En palabras como ***abeja*** u ***oveja*** los labios se aproximan, pero no llegan a tocarse

7 >44

Escucha y **repite** estas oraciones. **Fíjate** en que las letras destacadas corresponden a los casos donde se realiza el sonido sin cerrar del todo los labios.

1. ¿Vienes a **b**ailar?
2. Al**b**erto lle**v**a **b**ar**b**a.
3. Mi padre es cu**b**ano y tra**b**aja en un banco.
4. ¿Tú na**v**egas por Internet?
5. ¿Dónde **v**i**v**es?

8 >45

Escucha y **repite** estas oraciones.

1. Esta es mi prima Sonia.
2. La ese tiene un sonido suave.
3. ¿Nos escribís, chicas?
4. Nosotros estudiamos español, ¿y vosotros?
5. ¿Tenéis un lápiz?

> **Pronunciación**
>
> **El sonido /s/**
>
> El sonido /s/ de palabras como ***Sara*** o ***así*** se produce dejando salir el aire entre los dientes.

9 >46

Escucha estas oraciones y **señala** si la persona del verbo es *tú* o *usted*.

1. Tú ◯ Usted ◯
2. Tú ◯ Usted ◯
3. Tú ◯ Usted ◯
4. Tú ◯ Usted ◯
5. Tú ◯ Usted ◯
6. Tú ◯ Usted ◯

Unidad 3

10a

Lee esta lista de palabras en voz alta y **señala** las que contienen el sonido /j/.

1. yo ◯
2. calle ◯
3. hay ◯
4. rojo ◯
5. abajo ◯
6. silla ◯
7. llaves ◯
8. amarillo ◯
9. lejos ◯
10. Julio ◯
11. reloj ◯
12. Sevilla ◯
13. gente ◯
14. mayor ◯

> **Pronunciación**
>
> **El sonido /j/**
>
> El sonido /j/ de palabras como *mayo* o *pollo* (en la mayor parte de España) se produce juntando la lengua con el paladar y dejando pasar el aire entre los dientes y los labios abiertos.

10b

Escucha la grabación y **comprueba** los resultados.

11a **Escucha** y **repite** estas oraciones.

>48

1. Yo me llamo Silvia, ¿y tú?
2. ¿Dónde están las llaves?
3. ¿Estás en la calle Tribulete?
4. ¿El pasillo está allí?
5. ¿Tu hermana lleva gafas?

11b **Escucha** de nuevo la grabación y **responde** a las preguntas como tú quieras.

>48

Unidad 4

12 **Escucha** estas oraciones y **marca** las que contengan el sonido /g/.

>49

1. ◯
2. ◯
3. ◯
4. ◯
5. ◯
6. ◯
7. ◯
8. ◯

Pronunciación

Los sonidos /k/ y /g/

El sonido /k/ de palabras como ***casa***, ***queso*** o ***kilo*** se produce elevando la parte posterior de la lengua al final del paladar.

En el sonido /g/ de palabras como ***gafas*** o ***ángulo*** la parte posterior de la lengua toca el velo del paladar. En palabras como ***agua*** la parte posterior de la lengua no llega a tocar el velo del paladar.

13 **Escucha** y **repite** estas oraciones.

>50

1. Mi tortuga come lechuga.
2. Hoy comemos espaguetis y hamburguesas.
3. ¡Hasta luego!
4. ¿Diego es tu amigo?
5. ¿Me das un vaso de agua, por favor?

Unidad 5

14a **Lee** estas palabras y **señala** en cuáles aparece el sonido /tʃ/.

1. noche ◯
2. hace ◯
3. hache ◯
4. cine ◯
5. china ◯
6. cena ◯

14b **Escucha** y **comprueba** los resultados.

>51

Pronunciación

El sonido /tʃ/

El sonido tʃ de palabras como ***chicle*** se produce acercando la lengua a la parte anterior del paladar y después dejando que el aire salga entre los dientes.

15 **Escucha** y **repite** estas oraciones.

1. Mi ducha no funciona.
2. La hache no suena.
3. Yo me ducho por la noche.
4. ¿Tú qué deporte haces?
5. El batido se hace con leche y fruta.

16 **Señala** la oración que escuches en cada caso.

1. ¿Jugamos al fútbol? ◯ Jugamos al fútbol. ◯
2. ¿Nos vemos esta tarde? ◯ Nos vemos esta tarde. ◯
3. ¿Vamos al cine? ◯ Vamos al cine. ◯
4. ¿Quedamos mañana? ◯ Quedamos mañana. ◯
5. ¿Te vienes a mi casa? ◯ Te vienes a mi casa. ◯

17 **Escucha** y **repite** estas oraciones.

1. ¿Quedamos mañana?
2. Lo siento, no puedo.
3. ¿Te vienes a merendar?
4. ¡Bueno!
5. ¡Bueno, vale!
6. ¡Bueno, vale, gracias!

Unidad 6

18a **Lee** estas palabras y **escribe** al lado de cada una el símbolo /r/ si crees que tiene un sonido vibrante suave o /rr/ si crees que tiene el sonido vibrante fuerte. Si alguna palabra tiene ambos sonidos, escribe los dos símbolos.

Pronunciación

Los sonidos /r/ y /rr/

En español existen dos sonidos vibrantes: /r/ que aparece en palabras como *árbol*, *hora* y *comer*, y /rr/ que aparece en palabras como ***R**amón*, *a**rr**iba* y *al**r**ededor*.

1. ratón
2. cámara
3. raro
4. verdura
5. rojo
6. colores
7. correcto
8. refresco
9. original
10. arroz
11. restaurante
12. parque
13. pero
14. perro

18b **Escucha** y **comprueba** tus hipótesis.

19a **Escucha** y **repite** estas oraciones.

1. Yo tengo treinta euros.
2. Aquí dice *entrada libre*. ¿Vamos?
3. ¡Pobre chico!
4. Es muy agradable.
5. ¿Qué quieres comprar?
6. ¿Abres la puerta, por favor?

19b **Escucha** otra vez las oraciones anteriores y **responde** como tú quieras.

Unidad 7

20 **Escucha** y **repite** estas oraciones.

1. ¿Quién es?
2. ¿Quién es esa?
3. ¿Quién es esa chica?
4. ¿Quién es esa chica rubia?
5. ¿Quién es esa chica rubia que lleva gafas?

Pronunciación

La entonación de las oraciones interrogativas

Como sabes, la mayoría de las oraciones interrogativas se pronuncian con un final ascendente. En cambio, si comienzan con un pronombre interrogativo (*qué*, *quién*, *dónde*, etc.), la entonación final es descendente.

–*¿Quién es esa chica?*

21 **Transforma** las oraciones como en el ejemplo. Después, **léelas** en voz alta.

El chico que está bailando.
¿Quién es el chico que está bailando?

1. Esa chica que está allí.
2. La chica que lleva una falda roja.
3. Ese que está hablando con Sara.
4. El chico que está jugando al fútbol.
5. El chico moreno que tiene un vaso en la mano.

22 **Escucha** y **repite** estas oraciones.

1. ¡Qué bonitas!
2. ¡Qué contento estoy!
3. ¡Qué feo es este coche!
4. ¡Qué caliente está la leche!
5. ¡Qué rica está esta tarta!
6. ¡Qué chulas son tus gafas!

Pronunciación

La entonación de las oraciones exclamativas

Como sabes, las oraciones exclamativas se caracterizan por una elevación y un descenso brusco del tono de voz.

–*¡Qué divertido!*
–*¡Qué bonita!*

Unidad 8

23a **Lee** esta canción. Después, **escúchala**. **Fíjate** bien en la entonación.

>59

¡ME VOY (DE VACACIONES)!

¿Adónde vas?
¡Me voy a Cuba!
¿Adónde vas?
¡Me voy a Chile!
¿Adónde vas?
¡Me voy a Gijón!
¿Adónde vas?
¡Me voy a Cuzco!

¿Adónde vas?
¡Me voy a Jalisco!
¿Adónde vas?
¡Me voy a Asunción, a Bilbao o a Ibiza!
Me voy en avión,
en coche o en tren,
pero me voy,
de vacaciones me voy.

23b Ahora os toca a vosotros. **Escuchad** la música y **cantad** la letra.

>60

24a **Escucha** estas oraciones y **fíjate** bien en la entonación.

>61

1. ¿Quién es esa que parece una princesa?
2. ¿Quién es ese que parece un general?
3. Es el primo de mi amigo Federico.
4. Es la prima de mi amiga Mari Mar.

24b **Lee** en voz alta las oraciones de 24a.

25 **Escucha** y **señala** la palabra que oigas en cada caso.

>62

1.	cuadros	◯	cuartos	◯
2.	dos	◯	diez	◯
3.	Bermejo	◯	Bermello	◯
4.	día	◯	tía	◯
5.	García	◯	Gandía	◯
6.	Sans	◯	Sanz	◯

26 **Escucha** y **señala** la forma verbal que escuches en cada caso.

>63

1.	tienes	◯	tiene	◯
2.	pueden	◯	puede	◯
3.	vienes	◯	viene	◯
4.	comes	◯	coméis	◯
5.	sale	◯	salen	◯
6.	vives	◯	vivís	◯

Gramática

Índice

1. Los artículos

.1. El artículo indefinido

artículo indefinido se utiliza para presentar elementos nuevos, es decir, sas que no hemos mencionado antes en la conversación, y para presentar ementos que no especificamos o que son únicos.

¿Me prestas un lápiz? *–Allí hay unos chicos.*

	EL ARTÍCULO INDEFINIDO	
	Masculino	**Femenino**
Singular	un	una
Plural	unos	unas

uando nos referimos a los sustantivos como a categorías generales –sin pensar elementos concretos– y a cantidades indeterminadas muchas veces no usamos artículo indefinido.

No tengo dinero.
Tenemos problemas.
Hay chicos que no saben perder.

.2. El artículo definido

artículo definido se utiliza para referirse a elementos que pensamos que son nocidos para el oyente porque los hemos mencionado antes en la conversación, rque están a la vista o porque son elementos únicos.

¿Me prestas el lápiz?

	EL ARTÍCULO DEFINIDO	
	Masculino	**Femenino**
Singular	el	la
Plural	los	las

s artículos definidos van separados de las preposiciones, excepto en dos casos:

+ el = al *–Voy al cine.*
+ el = del *–Estas son las fotos del cumpleaños de Marisa.*

2. Los sustantivos

s sustantivos son las palabras que dan nombre a los objetos, las personas, s animales, las ideas y los sentimientos. Pueden ser comunes o propios.

.1. El género de los sustantivos

s sustantivos en español son masculinos o femeninos. No existen los sustantivos utros.

s sustantivos terminados en *-o* son generalmente masculinos:

el cuaderno
el alumno
el libro

Los sustantivos terminados en *-a* son generalmente femeninos:
–*la mochila*
–*la pizarra*
–*la goma*

No obstante, hay excepciones:
–*el día* –*el mapa* –*la mano*
–*el idioma* –*la foto* –*la radio*

Si terminan en consonante o en *-e* pueden ser masculinos o femeninos:

–*el lápiz* –*la ciudad*
–*el coche* –*la noche*

2.2. El número: formación del plural

Los sustantivos forman el plural a partir del singular.

Las palabras que terminan en vocal añaden *-s*:
–*niño* → *niños*
–*amiga* → *amigas*
–*estuche* → *estuches*

Las palabras que terminan en consonante añaden *-es*:
–*profesor* → *profesores*
–*rotulador* → *rotuladores*

Los sustantivos que terminan en *-z* la cambian por *-c* al añadir *-es*:
–*lápiz* → *lápices*
–*actriz* → *actrices*
–*pez* → *peces*

Algunas palabras se suelen utilizar en plural:
–*los pantalones*
–*las gafas*
–*las tijeras*

Otras tienen la misma forma para el singular y para el plural:
–*el sacapuntas* → *los sacapuntas*
–*el cumpleaños* → *los cumpleaños*
–*el lunes* → *los lunes*

3. Los adjetivos calificativos

Los adjetivos calificativos son palabras que expresan cualidades o estados del sustantivo al que se refieren, es decir, dan información sobre cómo es ese sustantivo.
Los adjetivos concuerdan con el sustantivo al que se refieren en género y número.

–*Los libros son rojos.* –*Las mesas son blancas.*

La mayor parte de los adjetivos tienen estas terminaciones:

	TERMINACIONES DEL ADJETIVO			
	Singular		**Plural**	
	Masculino	**Femenino**	**Masculino**	**Femenino**
Terminaciones	-o	-a	-os	-as
Ejemplos	*bonito*	*bonita*	*bonitos*	*bonitas*

ay adjetivos que tienen la misma terminación en masculino y en femenino:

	TERMINACIONES DEL ADJETIVO	
	Singular	**Plural**
	Masculino y femenino	**Masculino y femenino**
Terminaciones	-ista, -e, -a, -í, -ú	-istas, -es, -as, -ís, -ús
Ejemplos	*egoísta* *amable* *belga* *marroquí* *hindú*	*egoístas* *amables* *belgas* *marroquís** *hindús**

Los adjetivos y sustantivos terminados en *-í* y en *-ú* pueden hacer el plural añadiendo *-s* o *-es*: *marroquís/marroquíes, hindús/hindúes.*

inalmente, hay adjetivos que terminan en consonante y tienen formas distintas ara el masculino y el femenino:

	TERMINACIONES DEL ADJETIVO			
	Singular		**Plural**	
	Masculino	**Femenino**	**Masculino**	**Femenino**
Terminaciones (4 formas)	*alemán* *español* *inglés* *hablador*	*alemana* *española* *inglesa* *habladora*	*alemanes* *españoles* *ingleses* *habladores*	*alemanas* *españolas* *inglesas* *habladoras*
Terminaciones (2 formas)	*fácil* *gris* *feliz*		*fáciles* *grises* *felices**	

Los adjetivos y sustantivos terminados en *-z* hacen el plural sustituyendo la *-z* por *-c*: *lápiz/lápices.*

os adjetivos calificativos suelen ir detrás del sustantivo, pero a veces se colocan delante.
Tengo una mochila nueva. –*Tengo un pequeño problema.*

uando los adjetivos *bueno* y *malo* van delante de un sustantivo masculino singular cambian *buen* y *mal*, respectivamente.
Tiene un buen trabajo. –*No es mal chico.*

. Los pronombres personales sujeto

os pronombres personales sujeto indican la persona o personas que realizan la acción del verbo concuerdan con él en número y persona.

	LOS PRONOMBRES PERSONALES SUJETO			
	Singular		**Plural**	
	Masculino	**Femenino**	**Masculino**	**Femenino**
1.ª persona	yo		nosotros	nosotras
2.ª persona	tú, usted		vosotros, ustedes	vosotras, ustedes
3.ª persona	él	ella	ellos	ellas

En español no es necesario mencionar siempre el pronombre personal sujeto, porque sabemos de qué persona se trata por la forma del verbo. Lo hacemos cuando queremos contrastar o distinguir a una persona con respecto a otras.

–¿Eres Ana?

–No, Ana es ella; yo soy María.

En el español de España, *vosotros/as* indica una relación de confianza y los pronombres *usted, ustedes* se utilizan para expresar respeto o distanciamiento, principalmente en situaciones formales, como cuando uno habla con personas mayores o con sus superiores en el trabajo. En el español de América, sin embargo, en muchos países *usted, ustedes* es la única forma de segunda persona, sin distinguir entre relaciones de confianza y de respeto.

5. Los demostrativos

5.1. Los adjetivos demostrativos

Los adjetivos demostrativos sirven para señalar a seres u objetos marcando la distancia a la que se encuentran con respecto a los que hablan.

	LOS DEMOSTRATIVOS			
	Singular		**Plural**	
	Masculino	**Femenino**	**Masculino**	**Femenino**
Cerca (aquí)	este	esta	estos	estas
Distancia media (ahí)	ese	esa	esos	esas
Lejos (allí)	aquel	aquella	aquellos	aquellas

5.2. Los pronombres demostrativos

Los pronombres demostrativos tienen la misma forma que los adjetivos demostrativos, pero se usan solos, sin el sustantivo.
–¿Quién es ese?

Los pronombres demostrativos neutros se refieren a cosas que no puedo o no quiero nombrar, que están cerca *(esto)*, a una distancia media *(eso)* o lejos *(aquello)*.
–Toma, esto es para ti.

6. Los adjetivos posesivos

Los adjetivos posesivos indican la posesión o la relación estrecha de un sustantivo con su poseedor.
–Mi madre se llama Ángela.

El adjetivo posesivo se coloca delante del sustantivo y concuerda con él en número. La concordancia no es con el poseedor, sino con el objeto del que se habla. Es decir, que si el sustantivo que va después del adjetivo posesivo es singular, el posesivo es singular, y si el sustantivo es plural, el adjetivo posesivo es plural.
–Mi hermana vive en Santiago de Chile.
–Mis padres viven en Buenos Aires.

En el caso de la primera y la segunda persona del plural, el posesivo concuerda en número y también en género.
-Nuestras amigas se llaman Susana, Teresa y Carmen.

		LOS ADJETIVOS POSESIVOS			
		UN SER U OBJETO RELACIONADO		**VARIOS SERES U OBJETOS RELACIONADOS**	
		Masculino	**Femenino**	**Masculino**	**Femenino**
UN POSEEDOR	**(yo)**	mi		mis	
	(tú)	tu		tus	
	(él, ella, usted)	su		sus	
VARIOS POSEEDORES	**(nosotros/as)**	nuestro	nuestra	nuestros	nuestras
	(vosotros/as)	vuestro	vuestra	vuestros	vuestras
	(ellos/as, ustedes)	su		sus	

7. Los indefinidos

Son pronombres y adjetivos que se utilizan para expresar existencia o cantidad de forma poco precisa y para expresar ausencia.
–En la mesa hay muchos libros.

Algunos son invariables.
–En el cajón no hay nada.

Otros concuerdan en número con el sustantivo al que se refieren.
–Tengo bastantes amigos.

Finalmente, otros concuerdan en género y número con el sustantivo al que se refieren.
–En mi barrio vive gente de muchos países y otras culturas.

Estos son los más frecuentes:

LOS INDEFINIDOS			
SINGULAR		**PLURAL**	
Masculino	**Femenino**	**Masculino**	**Femenino**
mucho	mucha	muchos	muchas
poco	poca	pocos	pocas
otro	otra	otros	otras
bastante		bastantes	
nada			

8. Los interrogativos

Son palabras que sirven para introducir preguntas. Normalmente se ponen al principio de la oración. Siempre llevan tilde y algunas pueden ir precedidas de una preposición.

Qué se utiliza para:

- Preguntar por la identidad de personas, cosas, conceptos, etc., de una misma clase.
–¿Qué lenguas hablas?

- Preguntar por cosas abstractas.
–¿Qué significa corcho? *–¿Qué es esto?*

Cuál(es) se utiliza para preguntar por uno o varios elementos de un grupo.
–¿Cuál es tu color preferido?

Quién(es) se refiere a personas.
–¿Quién es esa chica?

Cómo sirve para preguntar por:

- El nombre y el apellido.
–¿Cómo te llamas?

- El modo de hacer algo.
–¿Cómo vienes a clase?

- Pedir una descripción.
–¿Cómo es tu profesora?

Cuánto/a/os/as se refiere a la cantidad.
–¿Cuántas letras tiene el alfabeto español?

Dónde se usa para preguntar por el lugar.
–¿Dónde está Perú?

Por qué se utiliza para preguntar por la causa.
–¿Por qué estudias español?

9. Las preposiciones

Son palabras invariables que introducen elementos y los relacionan con otras palabras a las que complementan. Estas son algunas preposiciones y sus usos:

	LAS PREPOSICIONES	
	USOS	**EJEMPLOS**
a	destino	*En verano me voy a Cádiz.*
	hora	*Los lunes me levanto a las ocho.*
	límite en el tiempo	*Voy al colegio de nueve a dos.*
	antes de un objeto directo o indirecto de persona	*¿Conoces a Luis?*
de	origen	*Salgo de casa a las nueve.*
	momento de inicio	*Las clases son de nueve a dos.*
	materia	*Este reloj es de oro.*
	posesión	*La mochila roja es de Ana.*
en	lugar	*El museo del Prado está en Madrid.*
	tiempo	*En invierno hace mucho frío.*
por	causa	*Es por tu culpa.*
para	finalidad	*Para estar en forma, es bueno beber mucha agua.*

.0. Los adverbios

on palabras invariables, es decir, no tienen género ni número. Indican circunstancias de lugar, empo, modo, etc., del verbo, del adjetivo o de otro adverbio.

Me gusta mucho el chocolate. –*El colegio está muy lejos.*
Tus amigos son bastante simpáticos.

stos son los más frecuentes:

De tiempo: *antes, ahora, después, luego, hoy, pronto, tarde, siempre, nunca...*
Siempre me levanto pronto.

De lugar: *aquí, ahí, allí, cerca, lejos, arriba, abajo...*
Allí hay un restaurante.

De modo: *bien, mal, deprisa, despacio...*
Mis alumnos aprenden muy deprisa.

ien y *mal* siempre se emplean con *estar*, nunca con *ser*:
Este ejercicio está mal.

De cantidad: *mucho/muy, demasiado, bastante, poco, nada...*
Julia no estudia nada.

ucho complementa a verbos; *muy* complementa a adverbios y adjetivos.
A Jaime le gustan mucho las Matemáticas. –*Hablo español muy bien.*
Salamanca es una ciudad muy bonita.

De afirmación y negación: *sí, no, también, tampoco.*
El libro está en el cajón? –*No, está en la librería.*

mbién y *tampoco* se emplean para expresar acuerdo o coincidencia con lo dicho por otra persona.
A mí me gusta mucho el jersey naranja. –*Yo no tengo hermanos.*
A mí también. –*Yo tampoco.*

.1. Las conjunciones

on palabras invariables que enlazan palabras y oraciones.

1.1. Las conjunciones coordinantes

indica una suma (A + B).
Luisa y María hablan inglés.

se transforma en *e* cuando va seguida de una palabra que empieza por *i-* o *hi-*.
El viernes por la tarde tengo Gimnasia e Inglés.

ero indica contraposición (A ⇔ B).
Soy chileno, pero vivo en Barcelona.

indica que se elige entre dos elementos (A/B).
La fiesta la hacemos el sábado o el domingo?

se transforma en *u* cuando va seguida de una palabra que empieza por *o* u *ho*.
Tienes siete u ocho años?

1.2. Las conjunciones subordinantes

ue introduce oraciones que funcionan como sustantivos (sujeto, objeto directo...).
Creo que tienes razón.

orque introduce la causa o razón de algo.
Andrea habla muy bien español porque su madre es española.

12. Las oraciones

12.1. Las oraciones coordinadas

Las oraciones coordinadas son las que están unidas por una conjunción coordinante, que enlaza palabras que realizan la misma función y oraciones independientes.
–*Necesito un cuaderno y un lápiz.*
–*Los martes voy a clase de guitarra y los fines de semana toco con mis amigos.*

12.2. Las oraciones subordinadas

Las oraciones subordinadas son las que dependen de otra oración (llamada *principal*).
–*Creo que tienes razón.*

12.2.1. Las oraciones subordinadas finales

Las oraciones subordinadas finales expresan finalidad o intención. Van introducidas por la preposición *para*, seguida de un infinitivo.
–*Las tijeras sirven para cortar papel.*
–*Esta página web es para comprar regalos a través de Internet.*

12.2.2. Las oraciones subordinadas causales

Las oraciones subordinadas causales expresan causa o razón. Van introducidas por *porque.*
–*A Jaime le regalamos un jersey porque le gusta mucho la ropa.*

12.2.3. Las oraciones consecutivas

Las oraciones consecutivas indican una consecuencia. Van introducidas por *así que.*
–*Los sábados no tengo clase, así que me levanto tarde.*
–*En los Pirineos hace frío, así que me llevo un jersey.*

12.2.4. Las oraciones subordinadas adjetivas

Las oraciones subordinadas adjetivas o de relativo funcionan como un adjetivo. Van introducidas por la conjunción *que.*
–*La chica que está al lado de Merche es mi amiga Daniela.*

13. Los verbos

Los verbos son las palabras que sirven para expresar las acciones.
En español, los verbos pueden ser de tres conjugaciones:

	TERMINACIONES	EJEMPLOS
1.ª conjugación	infinitivos terminados en *-ar*	*cantar, hablar, empezar*
2.ª conjugación	infinitivos terminados en *-er*	*comer, aprender, tener*
3.ª conjugación	infinitivos terminados en *-ir*	*vivir, salir, escribir*

3.1. El presente de indicativo

l presente de indicativo es la forma verbal que usamos para afirmar cosas sobre el presente, sobre el futuro cuando consideramos que algo es bastante seguro.

Todas las semanas juego al fútbol. *–Este verano me voy a la playa.*

3.1.1. El presente de indicativo: verbos regulares

ara formar el presente de indicativo regular, quitamos al infinitivo la terminación *-ar, -er* o *-ir* añadimos las desinencias propias de este tiempo.

	-AR	-ER	-IR
	Hablar	**Aprender**	**Vivir**
(yo)	habl**o**	aprend**o**	viv**o**
(tú)	habl**as**	aprend**es**	viv**es**
(él, ella, usted)	habl**a**	aprend**e**	viv**e**
(nosotros/as)	habl**amos**	aprend**emos**	viv**imos**
(vosotros/as)	habl**áis**	aprend**éis**	viv**ís**
(ellos/as, ustedes)	habl**an**	aprend**en**	viv**en**

3.1.2. El presente de indicativo: verbos irregulares

3.1.2.1. Verbos con irregularidades vocálicas

as irregularidades se dan en todas las personas excepto *nosotros/as* y *vosotros/as*.

	E → IE	O → UE	E → I
	Querer	**Poder**	**Pedir**
(yo)	qu**ie**ro	p**ue**do	p**i**do
(tú)	qu**ie**res	p**ue**des	p**i**des
(él, ella, usted)	qu**ie**re	p**ue**de	p**i**de
(nosotros/as)	queremos	podemos	pedimos
(vosotros/as)	queréis	podéis	pedís
(ellos/as, ustedes)	qu**ie**ren	p**ue**den	p**i**den

3.1.2.2. Verbos con la primera persona singular irregular

stos son los más frecuentes: **ver:** veo; **hacer:** hago; **saber:** sé; **poner:** pongo; **dar:** doy; **salir:** salgo; **onocer:** conozco; **traer:** traigo.

3.1.2.3. Verbos con varias irregularidades

ay verbos que son irregulares en la primera persona singular y, además, tienen otra irregularidad. stos son los más frecuentes:

	Tener	Venir	Decir	Estar
(yo)	tengo	vengo	digo	estoy
(tú)	tienes	vienes	dices	estás
(él, ella, usted)	tiene	viene	dice	está
(nosotros/as)	tenemos	venimos	decimos	estamos
(vosotros/as)	tenéis	venís	decís	estáis
(ellos/as, ustedes)	tienen	vienen	dicen	están

13.1.2.4. Verbos totalmente irregulares

	Ser	Ir
(yo)	soy	voy
(tú)	eres	vas
(él, ella, usted)	es	va
(nosotros/as)	somos	vamos
(vosotros/as)	sois	vais
(ellos/as, ustedes)	son	van

13.1.2.5. Verbos pronominales y reflexivos

Son los que se conjugan con los pronombres átonos.

	Llamarse
(yo)	me llamo
(tú)	te llamas
(él, ella, usted)	se llama
(nosotros/as)	nos llamamos
(vosotros/as)	os llamáis
(ellos/as, ustedes)	se llaman

Otros ejemplos: *levantarse, ducharse, acostarse...*

–Me levanto todos los días a las siete y media.

13.1.2.6. Verbos de afección

Son los que se conjugan con los pronombres de objeto indirecto.

	Gustar
(a mí)	me gusta(n)
(a ti)	te gusta(n)
(a él, a ella, a usted)	le gusta(n)
(a nosotros/as)	nos gusta(n)
(a vosotros/as)	os gusta(n)
(a ellos/as, a ustedes)	les gusta(n)

Otros ejemplos: *encantar, alegrar, apetecer...*

Se emplea la forma *gusta* seguida de un sustantivo singular o de un infinitivo, y la forma *gustan* seguida de un sustantivo plural.

–Me gusta el chocolate.

–A mis padres les gusta bailar.

–A todos nos gustan los animales.

3.2. El gerundio

3.2.1. El gerundio: formas regulares

	EL GERUNDIO	
	Terminaciones	**Ejemplos**
-ar	-ando	*cantando, hablando...*
-er	-iendo	*aprendiendo, comiendo...*
-ir		*saliendo, viviendo...*

3.2.2. El gerundio: formas irregulares

ay algunos verbos con el gerundio irregular. Estos son los más frecuentes:

eer: leyendo
ír: oyendo
ecir: diciendo
Ver: viendo
Reír: riendo
Dormir: durmiendo

3.2.3. *Estar* + gerundio

sta estructura presenta la acción en desarrollo, es decir, en el momento en el que se realiza.

Laura está durmiendo.
Miguel y Clara están bailando.

3.3. *Ser*

l verbo *ser* se utiliza, fundamentalmente, para:

Definir.
La paella es una comida típica de España.

Identificar.
Madrid es la capital de España.
Ese chico es mi hermano.

Referirse a las características propias de un objeto, lugar o persona (profesión, origen nacionalidad, carácter, aspecto físico, color, materia...).
Mi madre es profesora.
Sofía es española.
Jaime es un poco antipático.
Luisa es rubia.
Mi cuaderno es rojo.
Las servilletas son de papel y los vasos de plástico.

Valorar.
Tu casa es preciosa.

Decir y preguntar la hora.
Son las dos y veinte.

13.4. *Estar*

El verbo *estar* se usa, fundamentalmente, para:

- Situar en el espacio algo que ya hemos mencionado. Se utiliza con sujetos precedidos del artículo definido *(el, la, los, las)*, de posesivo, o con nombres propios.

–El jersey rojo está en el armario.

–Mi padre está en casa.

–Bilbao está en el norte de España.

- Indicar el estado civil.

–Mi tía Carmen está casada.

- Referirse a estados físicos o anímicos.

–Hoy estoy muy cansado.

- Expresar acciones en desarrollo, seguido del gerundio.

–Los niños están estudiando en su cuarto.

13.5. *Hay/estar*

Con *hay* preguntamos por la existencia de objetos, lugares, servicios, etc., y expresamos si algo existe o no.

–Perdone, ¿hay una farmacia por aquí cerca?

En cambio, con *estar* indicamos la situación de objetos, lugares, etc., que suponemos que el interlocutor sabe que existen, que ya hemos mencionado antes o que están a la vista.

–¿Dónde está mi libro?

Hay se combina con sustantivos sin artículo, con artículo indefinido *(un, una, unos, unas)* o con indefinidos *(mucho, pocos, bastante...)*.

–En mi barrio hay tiendas, cines, restaurantes...

–En mi estuche hay un bolígrafo rojo.

–No hay muchos alumnos en clase.

En cambio, *estar* va con sujetos precedidos del artículo definido *(el, la, los, las)*, de posesivo *(mi, tu, su...)* o con nombres propios.

–El estuche está en la mochila.

–¿Dónde está mi jersey?

–Pedro está en clase.